CASTELLO DI ARCO 8

Wie ein Adlerhorst sitzt die Burg auf dem 300 m hohen Burgfelsen. 📷 *Tipp: Die Aussichtsplattform auf halbem Weg ist aus Glas. So siehst du auf Bildern aus, als würdest du schweben.*

➤ S. 54, Nordufer

VITTORIALE DEGLI ITALIANI IN GARDONE 9

Park, Mausoleum und Wohnhaus des Dichters D'Annunzio: ein skurriles Kuriositätenkabinett 📷 *Tipp: Die Bullaugenfenster im Schifamondo-Flügel rahmen das Gardasee-Panorama ein.*

➤ S. 109, Westufer

PIAZZA GIACOMO MATTEOTTI IN BARDOLINO 6

Abends flanieren Urlauber und Einheimische auf dem bis zum See hinunterreichenden Platz.

➤ S. 71, Ostufer

CASTELLO SCALIGERO IN SIRMIONE 7

Vom zinnenbewehrten Turm der Wasserburg schaust du über die Dächer der Altstadt (Foto).

➤ S. 88, Südufer

GIARDINO BOTANICO ANDRÉ HELLER IN GARDONE 10

In dem außergewöhnlichen Park verstecken sich wunderbare Kunstwerke namhafter Künstler.

➤ S. 108, Westufer

INHALT

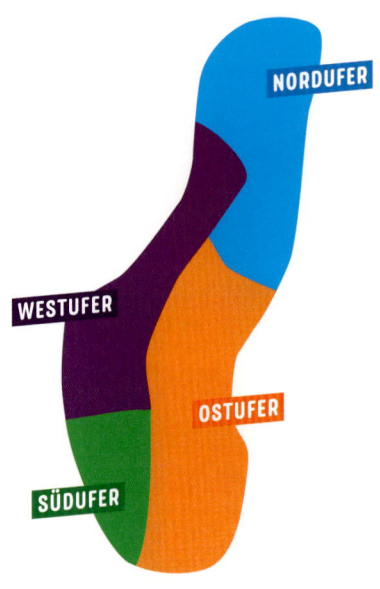

NORDUFER

WESTUFER

OSTUFER

SÜDUFER

 Besuch planen   Essen/Trinken

€–€€€ Preiskategorien   Shoppen

(*) Kostenpflichtige   Ausgehen
     Telefonnummer
                          Top-Strände

(🗺 A2) Herausnehmbare Faltkarte
(🗺 0) Außerhalb des Faltkartenausschnitts

BESSER PLANEN
MEHR ERLEBEN!

**Digitale Extras
go.marcopolo.de/app/gar**

DAS BESTE ZUERST

Nur im Rahmen organisierter Touren zugänglich: die Isola del Garda

GAR DA SEE

INSIDER-TIPP
Deine Abkürzung ins Erleben!

Reisen mit MARCO POLO
Insider-Tipps

MARCO POLO
TOP-HIGHLIGHTS

FUNIVIA MALCESINE-MONTE BALDO ⭐

Der Blick aus den Kabinen der Panoramaseilbahn und vom 2000 m hohen Gipfel ist umwerfend.

➤ S. 57, Nordufer

ARENA DI VERONA ⭐

Auch wer nichts mit Opern am Hut hat: Das Freiluftspektakel in der römischen Arena solltest du dir unbedingt einmal ansehen!
📷 *Tipp: Früh am Morgen ist die Piazza vor der Arena leer und das Licht am schönsten.*

➤ S. 82, Ostufer

PUNTA SAN VIGILIO ⭐

Eines der edelsten Eckchen des ganzen Sees liegt bei Garda.
📷 *Tipp: Beim Sonnenuntergang färben sich Wände und Fenster der Locanda San Vigilio rot.*

➤ S. 69, Ostufer

STRADA DELLA FORRA ⭐

Die atemraubende Panoramastraße führt von Pieve hinunter an den See.
📷 *Tipp: Die Straße mal abends befahren: Die beleuchteten Schluchten sind perfekt für Nachtaufnahmen.*

➤ S. 116, 127, Westufer, Erlebnistouren

MUSEO DELLE SCIENZE MUSE IN TRENTO ⭐

Auf sieben Etagen erlebst du alpine Natur, Entstehung der Dolomiten, Gletscher, ein tropisches Gewächshaus und vieles mehr.

➤ S. 124, Erlebnistouren

BEST OF

BEI REGEN

SCHÖN, AUCH WENN ES REGNET

DER WEG DES WASSERS

Im *Sea Life Gardaland* verfolgst du den Weg des Wassers vom Gebirgsbach über den Gardasee und das Podelta bis ins Mittelmeer und den Ozean. Im Aquarium schwimmen Seepferdchen neben Korallen und Haien.

➤ S. 79, Ostufer

GROSSSTADTAUSFLUG

Ein Ausflug nach *Verona* bietet dir gleich dreierlei Schutz vor Regen: mehrere Museen, große Kirchen wie San Zeno und jede Menge Shoppingziele. In der Via Mazzini (Foto) kannst du von einer Boutique in die andere schlendern.

➤ S. 82, Ostufer

DAS IST DOCH KÄSE!

Stimmt! In der Molkerei *Alpe del Garda* in Tremosine wird sogar ziemlich viel Käse produziert. Wer möchte, kann an einer Besichtigung und an einer Verkostung teilnehmen. Yummy!

➤ S. 116, Westufer

KLETTERN IM TROCKENEN

Bei Regen toben sich Kletterer im *King Rock* in Verona aus. 2000 Quadratmeter, eine vertikale Kletterhalle mit 200 Routen und eine Boulderhalle: Da ist für jeden was dabei!

➤ S. 34, Sport

STÜRZENDE WASSER

An der *Cascata del Varone* ist das Wetter egal: Der in die Tiefe stürzende Tennobach schickt ohnehin immer Nebelschleier in die enge Kluft. „Ein Höllenspektakel", fand schon Thomas Mann.

➤ S. 48, Nordufer

BESUCH IM WEINMUSEUM

Ideal zum Lernen und Probieren: Das *Museo del Vino* der Cantina Zeni in Bardolino veranschaulicht die gesamte veronesische Weinkultur. Hier erfährst du alles von der Pflege der Reben bis hin zur Flaschenabfüllung.

➤ S. 72, Ostufer

BEST OF LOW-BUDGET

FÜR DEN KLEINEN GELDBEUTEL

KURIOSES UND KULTUR

Ist er der kürzeste Fluss der Welt? Der Aril entspringt in Cassone bei Malcesine und mündet nach schlappen 175 m in den See. Dort im Hafen liegt das kleine, liebevoll gestaltete Fischerei-*Museo del Lago*. Eintritt frei!

➤ S. 59, Nordufer

DIE KARTE MIT DEM SPARFAKTOR

Mit der kostenlosen *Garda Promotions Card* gibts viele Attraktionen wie Vergnügungsparks, Museen und Fähren günstiger. Die Karte bekommst du rund um den See in Informationsbüros und Unterkünften.

SÄTTIGENDE APERITIVI

Mit einem Gläschen Aperol Spritz (Foto) oder Spumante in der Hand klingt der Tag wunderbar italienisch aus. Am besten bestellst du es in einer klassischen Aperitifbar, denn die bieten zur frühen Abendstunde gratis zu den Getränken auch appetitliche und sättigende Leckerbissen.

SCHAURIG SCHÖN

Megasteil ragt die imposante Bergwelt am nördlichen Westufer über den See. Wer diese Aussicht genießen möchte, fährt rauf nach Tremosine und blickt in Pieve von der *Schauderterrasse* des Hotels Paradiso in die Tiefe. Zur Stärkung gibts dann einen Cappuccino – den muss man aber bezahlen.

➤ S. 116, Westufer

SCHNÄPPCHEN FÜR OUTDOORFANS

Klettern oder Wandern, Biken oder Zelten gehören zu deinem Ferienalltag? Dann verpass nicht die vielen Outdoorläden in der Altstadt von *Arco!* Bei der großen Auswahl findet man immer wieder herabgesetzte Bergsport- und Outdoorbekleidung.

➤ S. 53, Nordufer

BEST OF
MIT KINDERN

SPANNENDES FÜR GROSS & KLEIN

GARDASEE-SAFARI
Wer sagt denn, dass man nur in Afrika auf Safari gehen kann? Im *Parco Natura Viva* zwischen Pastrengo und Bussolengo fährst du im eigenen Auto vorbei an Nashörnern, Löwen und Tigern.
➤ S. 79, Ostufer

AUCH KLEINE WOLLEN MAL HOCH HINAUS
Im *Elias Adventure Park* können Kinder auf Felsen und durch Hochseilgärten klettern. Noch Energie? Dann ab zum „Flying Fox", einer über 200 m langen Zipline, die quer über den Park und die Sarca gespannt ist.
➤ S. 54, Nordufer

NATUR ZUM ANFASSEN
Fliegende Dinosaurierskelette beobachten, Eisblöcke berühren, ausgestopfte Tiere streicheln – das naturwissenschaftliche *Museo delle Scienze MuSe* in Trento ist das Gegenteil von alten, verstaubten Museen. Hier dürfen Kinder vieles anfassen und können Wissenschaft hautnah erleben. Perfekt für regnerische Sommertage! Der einzige Haken: Auf diese Idee werden viele kommen ...
➤ S. 124, Erlebnistouren

DAS VOLLE SPASSROGRAMM
Im Inneren eines Schiffs an Piratendörfern vorbeisegeln, an Bord eines Zugs an Mammuts vorbeirasen oder einfach das märchenhafte Schloss des Drachenmaskottchens Prezzemolo erkunden: Im Freizeitpark *Gardaland* langweilt sich niemand – weder du noch deine Kinder.
➤ S. 79, Ostufer

STREICHELFREUDE
Auf dem Schulbauernhof des *Parco Giardino Sigurtà* können Kinder Schafe und Esel streicheln. Und im Labyrinth können Klein und Groß gemeinsam den richtigen Weg suchen.
➤ S. 81, Ostufer

BEST OF ⚑

TYPISCH

DAS ERLEBST DU NUR HIER

SCHÖNHEITSWETTBEWERB DER BURGEN

Die Familie der Scaligeri herrschte jahrhundertelang im Osten des Sees. Im 13. und 14. Jh. baute sie *Burgen* als Zeichen ihrer Macht: in Malcesine (Foto), in Torri del Benaco, in Sirmione. Welche die schönste ist? Herausfinden!

➤ S. 55, 64, 88, Nordufer, Ostufer, Südufer

TRAUBEN IM GLAS

Bardolino. Schon mal gehört? Natürlich! Hinter dem Ort wachsen die Reben für den gleichnamigen Wein. Bei vielen Winzern kannst du ihn probieren und kaufen, z. B. bei *Cantine Lenotti*.

➤ S. 74, Ostufer

AB AUFS WASSER!

Nur vom Wasser aus erkennst du richtig, wie schön sich die Orte ans Ufer schmiegen. Also nichts wie rauf auf die *Fähre*, z. B. zwischen Torri und Toscolano!

➤ S. 134, Gut zu wissen

BERG FÜR TATENDURSTIGE

Touren mit dem Mountainbike, eine Gipfelwanderung oder mit Skiern auf die Piste: Der *Monte Baldo* ist das Revier für alle, die sich am Gardasee so richtig austoben wollen.

➤ S. 33, S. 57, Sport, Nordufer

VERFÜHRERISCHE PFLANZENWELT

Überall blüht und duftet es nach Zitronenbäumen, Bougainvillea und Rosmarin. In vielen Gartencentern wie z. B. dem *Flover* in Bussolengo gibt es kleine Bäumchen für zu Hause.

➤ S. 81, Ostufer

ALPINES GLÜCKSGEFÜHL MIT MEDITERRANEM TOUCH

Das gibt es nur zwischen Riva und Torbole, z. B. in der *Bar alla Sega:* unter Palmen sitzen, einen Aperitif schlürfen und als Kulisse den Blick auf die 2000 m hohen Berge genießen.

➤ S. 50, Nordufer

SO TICKT
DER
GARDASEE

„Ist was?!" Keck kuckt die Kuh am Monte Baldo

ENTDECKE DEN GARDASEE

Vorn der See, im Hintergrund die Berge: ein Panorama, das immer wieder begeistert

Lange Kiesstrände und verschneite Berggipfel, Palmen und Steineichen, Pizza und Speckknödel: Der Gardasee hat viele Gesichter und für jeden Fan hat er seine ganz eigenen Reize. Eines aber hat er für alle gemeinsam: Er ist für Mitteleuropäer die Offenbarung des südlichen Lebensgefühls, der am nächsten gelegene Ort des so geliebten Dolce Vita.

Einmal am *lago,* immer am *lago.* Warum eigentlich? Liegt es an den wunderbaren *centri storici,* den vielen Burgen und den malerischen Häfen? An den Palmen, den Zypressen oder den Olivenbäumen? Oder etwa am cremigen Eis und dem süffigen Rotwein? Wahrscheinlich liegt es vor allem daran, dass wir uns dort zu Hause fühlen – und doch in der Ferne: Alle sprechen Deutsch, das Bier ist gut, der Verkehr geregelter als an anderen italienischen Orten. Und dennoch: Obwohl der Lago di Garda der „südlichste See Münchens" genannt wird, stillt er mit

15 v. Chr.
Die Römer kommen an den See und nennen ihn Benacus

1260–1387
Die Scaliger-Familie herrscht in Verona und am See

1387–1405
Die Mailänder Familie Visconti herrscht über das Gardaseegebiet

1405–1797
Die Venezianer haben die Herrschaft über das Ostufer

1797
Das Westufer fällt an Napoleon, das Ostufer an Österreich

1821–1861
Risorgimento: Bewegung für ein einiges Italien. 1861 wird Italien souveräner Staat

seinen 370 km² (das ist genau die doppelte Größe der Insel Fehmarn) die Sehnsucht nach Meer. Na ja, fast: Misst er doch an seiner breitesten Stelle gerade mal 17 km ... Doch kaum hat man den ersten Aperol Spritz in der Hand, fühlt man sich schon wie am Mittelmeer.

IM WESTEN DIE RUHE

Das ruhige Westufer und die hippe Ostseite; die Berge im Norden und die breiten Strände im Süden: Genau in diesen Gegensätzen liegt der Reiz des Gardasees. Wenn du bei der Lektüre der Zeitung nicht viel mehr hören möchtest als das Klack, Klack von Segeln im Wind, dann bist du am Westufer, etwa in Gargnano, genau richtig. Bereits Ende des 19. Jhs. erkannte der Österreicher Luis Wimmer die lukrativen Reize des Gardasees und baute in Gardone das erste Grandhotel. Libertyvillen und noble Hotels – bis heute ist hier ein elitärer Tourismus zu Hause.

LEBHAFTER OSTEN

Am Ostufer ist es jünger und quirliger – aber nicht weniger pittoresk. In Bardolino und Garda fühlt sich wohl, wer gerne shoppt und abends lange unter Menschen sein möchte. In den verwinkelten Gassen der Ortszentren ist es dann fast voller als tagsüber und bis Mitternacht wirbeln Kinder mit einer Eiswaffel in der Hand durchs Gewusel. Stehst du allerdings auf richtiges Nightlife, auf Discokugeln und Technobeats, dann ab in den Süden! Die legendären Diskotheken rund um Desenzano locken Feiernde aus weitem Umkreis an.

1919 Nach dem Ersten Weltkrieg ist der Gardasee rein italienisch

1943–1945 Republik von Salò unter dem Diktator Benito Mussolini

1946 Italien wird Republik

1962 Die Seilbahn von Malcesine auf den Monte Baldo wird eröffnet

2018 Einweihung des ersten Abschnitts des Gardasee-Radwegs bei Limone

2022 Ein schwerer Waldbrand zerstört mehr als 30 ha Wald bei Nago

ABENTEUER IM ÜBERFLUSS

Bis zu 2000 m hohe Gipfel, tiefe Schluchten, steile Kletterfelsen – wenn du ein Outdoorsportler bist, wird dir am fjordartigen Nordufer nie langweilig. Abenteuerlustige erkunden beim Canyoning sonst unzugängliche Schluchten. Mountainbiker und Wanderer zieht es in die Höhe, Kletterer hängen an rauen Felswänden, manchmal sogar direkt über dem See. Dort pustet und bläst es für Landratten manchmal schon fast unangenehm. Nicht aber für die Wassersportler: Zwischen Limone, Riva und Malcesine machen die verlässlichen Winde den See zum windsichersten Binnengewässer Europas. Zu Surfern und Seglern gesellen sich Kiter, Stand-up-Paddler und Kanufahrer. Wasserski und Parasailing gibt es auch, das allerdings nur im Süden: Im Norden sind Motorboote nicht erwünscht. Je weiter du in den Süden kommst, desto wuseliger wird das Treiben. Vor allem in den heißen Sommermonaten sind die Strände voll und Parkplätze rar. Kein Wunder: Das Ufer ist weitläufiger und vereinzelt gibt es sogar Sand. Keine Lust auf Hektik? Wie wär's mit einem Sonnenuntergang an einer malerischen Hafenmole, etwa in Cassone bei Malcesine? Mit einem *aperitivo* in der Hand und Blick auf den See ist der Trubel schnell vergessen. Oder du erkundest das wenig beachtete Hinterland: Selbst regelmäßig wiederkehrende Urlauber entdecken immer wieder neue spannende Ausflugsziele.

VILLEN UND RÖMISCHE RUINEN

Aber Italien heißt doch auch Kultur und Geschichte? Keine Sorge: Wo einst schon Goethe, Nietzsche oder Kafka weilten, entdeckst du Kulturziele aller Art, etwa die romanische Kirche San Severo in Bardolino oder eine alte Römervilla in Sirmione. Attraktiv ist eine Kajak- oder Kanufahrt entlang des Ufers: Von der Straße aus unsichtbare Villen zeigen dann ihre volle Schönheit und in alten Zitronengärten leuchten die gelben Früchte. Ein idealer Ausgangspunkt ist Gargnano.

Und das Essen? Egal, welchen Urlaubsort du gewählt hast, selbst in eher touristischen Lokalen isst du meist vorzüglich. Und zwar unabhängig davon, ob es ein aufwendiges Fischmenü in einem Feinschmeckerlokal sein soll, eine frische Gardaseeforelle vom Grill oder einfach nur eine Pizza. Ähnliches gilt für den Wein. Ob fruchtig-leicht, gehaltvoll oder trocken-würzig: Rund um den See wachsen Trauben für die verschiedensten Weine. Im Norden passt der rote, charakterstarke Marzemino besonders zu herzhaften Speisen, im Süden trinken Weinliebhaber den Rosé Bardolino Chiaretto gut gekühlt zu feinen Fischgerichten.

Das Leben am See ist heute vom Tourismus bestimmt. Was ökonomisch ein Segen ist, hat auch Schattenseiten. Vor allem das starke Verkehrsaufkommen zehrt immer mal wieder an den Nerven. Daher der gute Tipp: Fahr so wenig wie möglich mit dem Auto! Doch trotz der vielen Touristen musst du am Gardasee nicht befürchten, abgezockt zu werden. Die Italiener schätzen die deutschen Urlauber und in vielen Hotels und Restaurants wirst du begrüßt, als kämst du schon seit Jahren in dieses Haus. Schönen Urlaub!

AUF EINEN BLICK

24.000.000
Übernachtungen im Jahr

Berlin: 31.200.000

346 m

Tiefste Stelle im See

158 km
Küstenlänge

Festlandküste an der Nordsee in
Schleswig-Holstein: 202 km

370 km^2
Fläche (größter See Italiens)

Chiemsee: 80 km^2

KÜRZESTER ZUFLUSS

175 m

Aril in Cassone

**NÖRDLICHSTER
OLIVENHAIN ITALIENS**

bei Arco

HÖCHSTER BERG

2218 m

Monte Baldo

5 INSELN IM SEE

Isola del Garda, Isola di San Biagio, Isola del Trimelone,
Isola dell'Olivo, Isola del Sogno

DESENZANO

Größte Stadt am See mit
knapp 30 000 Einwohnern

**FISCH, DER NUR IM
GARDASEE LEBT**

Carpione

(Gardasee-Forelle)

DEN GARDASEE VERSTEHEN

EISBAD

War dir schon mal so richtig kalt? Also *richtig* kalt?! Nein? Dann besuch doch einmal Riva del Garda am Neujahrstag. Dann begrüßen nämlich viele Gardaseeanrainer das neue Jahr gern mit einem sprichwörtlichen Sprung ins kalte Wasser. So präsentieren sich in Riva seit über 20 Jahren am 1. Januar ab 11 Uhr rund 100 Wagemutige bei Temperaturen, die stark gegen Null tendieren, zum *Tuffo di Capodanno*. Alle sind im Badedress und warten auf der Piazza auf den Startschuss, um einmal das Hafenbecken zu durchschwimmen. Alter spielt dabei keine Rolle: Vom Zehnjährigen bis zur forschen Seniorin sind alle dabei. Auf *short.travel/gar22* kannst du schon mal reinschauen! In Pieve am Ledrosee wartet man bis zum Monatsende: Dann gibt es verschiedenen Legenden zufolge die drei kältesten Tage im Jahr, die „Amseltage" *giorni della merla*. Daher nennt sich der Sprung in Ledro *Tuffo della Merla*: Seit 2008 stürzen sich rund 80 Teilnehmer ins eisige Wasser des Ledrosees.

WHATSAPP VOM FISCHER

Wenn die meisten Rivaner noch schlafen, zwischen drei und fünf Uhr in der Früh, fährt Fischer Alberto Rania mit seinem Boot auf den See und sammelt die Netze ein, die er am Vorabend ausgesetzt hat. Im Gardasee leben etwa 40 Fischarten. Viele einheimische, einige, die zufällig aus umliegenden Gewässern in den Gardasee kamen, und andere, die gezielt eingesetzt wurden. 25 Jahre lang hat Alberto in einer Papierfabrik gearbeitet – bis er 2015 entschied, Berufsfischer zu werden. Heute gehört er zu den letzten rund 50 seiner Art am Gardasee. Die meisten von ihnen sind in Kooperativen organisiert, die den Verkauf und die Verarbeitung der Fische übernehmen. So zum Beispiel die Cooperativa Pescatori in Garda, wo man dann vormittags den frischen Fang ersteigern kann. Alberto ist selbstständig und verkauft seine fangfrische Ausbeute im kleinen Laden *El Pescador* (Mo-Fr 9–12 und 14.30–18.30 Uhr | Via Ballino 3c) in Riva. Stammkunden werden per Whatsapp über den Fang informiert. Die Fische sind dann bereits geputzt und ausgenommen und wer möchte, bekommt ein paar Kochtipps dazu. *albertorania.it*

TUNNELBLICK UND TRAUMPANORAMEN

Mancher Autofahrer hat schon geflucht: Nur 30 km, aber 74 Tunnel weit weg liegt Gargnano von Riva del Garda. In einigen der Tunnel geht es eng zu: Zwei Campingbusse passen so gerade aneinander vorbei, aber wenn dann noch ein Trupp Rennradler durchpedaliert ... Dabei zählt die Gardesana Occidentale am Westufer zu den Traumstraßen Italiens. Wo immer die Tunnelfenster und Galerien den Blick auf den See freigeben, ist diese Bezeichnung wirklich berechtigt. Gebaut wurde sie nicht aus touristischen Gründen, sondern um nach dem Ersten Weltkrieg das Nordufer des Sees, das von da an auch zu Italien gehörte, an den Süden anzubinden. Am gegenüberliegenden Ufer verläuft die etwas breitere, nicht ganz so spektakuläre Gardesana Orientale. Da die alten Straßen beim heutigen Verkehrsaufkommen oft völlig überlastet sind, werden im Sommer die beiden Uferstraßen für LKW gesperrt.

WINTERWUNDERLAND

Jetzt schließ mal kurz die Augen und stell dir vor, wie du unter blauem Himmel am Seeufer in Riva oder Salò spazierst und maximal ein paar Jogger triffst. Um dich herum: nur Stille. Der Winter ist die entspannteste Saison

am See, der Moment, wo die Einheimischen die Bikes aus dem Keller holen und die Parkuhren mit Plastikfolie abgedeckt werden. Klar haben nicht alle Geschäfte und Bars offen, auch viele Hotels sind geschlossen – aber das wiegen die Ruhe und die Gelassenheit, die jetzt überall herrschen, locker auf. Das Beste aber ist das Wetter, denn anders als im Sommer ist der Himmel nicht diesig, sondern klar und richtig blau. Dazu kommen das tiefblaue Wasser des Sees, das Grün von Palmen und Olivenbäumen und im Norden die weißen Berggipfel. Wer windgeschützt sitzt, kann schon mal den Pullover ausziehen und die Sonne genießen. Und dann erst die vielfältigen Wintersportmöglichkeiten! Theoretisch kannst du an einem Tag eine Skitour auf den Monte Stivo un-

Ganz großes Landschaftskino, allerdings mit Staupotenzial: die Gardesana Occidentale

ternehmen, am nächsten zum Eisklettern gehen und am dritten Tag in Massone klettern – mit ein bisschen Glück auch im T-Shirt. Auf dem Monte Baldo gibt es sogar ein kleines Skigebiet. Richtig überraschend ist aber die Weihnachtszeit: In den vergangenen Jahren sind Christkindlmärkte immer beliebter geworden – und zwar vor allem bei den Einheimischen. Ob in Arco, Bardolino, Garda oder Tremosine, überall blinken Lichterketten und an Holzbuden werden Leckereien, Spielsachen und handgearbeitete Souvenirs verkauft. Viele Märkte haben bis Anfang Januar geöffnet.

nakulturen des Südens und des Nordens aufeinanderprallen. So auch am Gardasee. Denn wie im übrigen Italien kommt es vor allem bei der älteren Generation überhaupt nicht in Frage, sich in der Öffentlichkeit nackt zu zeigen. Das fängt schon in jungen Jahren im Freibad oder am Badestrand an, wo sich selbst Kinder nur mit umgehängtem Handtuch umziehen. Doch deutsche Saunafans können aufatmen: In immer mehr öffentlichen Saunen hängen Schilder, dass Nacktsaunen gesünder sei. Was allerdings kein Garant ist, dass sich die etwas prüden Italiener auch wirklich ausziehen.

NACKT ODER NICHT NACKT?

Die Kleiderordnung in der Sauna wird gern zum Streitthema, wenn die Sau-

GOLDENE FÄDEN

Hochwertiges Olivenöl und guter Wein gehören zum Gardaseebild dazu. Hät-

Noch ein echter Geheimtipp: in der Weihnachtszeit an den Lago – nie ist die Luft klarer!

test du aber gewusst, dass rund um den See auch Safran wächst? Einheimische verwenden das orientalische Gewürz nicht nur im bekannten *risotto alla milanese,* sondern verfeinern mit ihm zahlreiche regionale Spezialitäten wie den Teig des seltenen Almkäses Tombea und die bröselige *torta sbrisolona,* das traditionelle Gebäck vom Süden des Gardasees. Mancherorts wird sogar selbst das Kartoffelpüree goldgelb gefärbt. Angebaut wird der Safran vor allem zu Füßen des Monte Baldo, in Pravelle, in Gargnano und in der Val di Ledro. Die Krokusart mit duftenden Stempelfäden ist leicht mit dem giftigen Herbstkrokus zu verwechseln. Also Finger weg! Am besten fährst du nach Pozzolengo. In der *Azienda Agricola Al Muràs (zafferano*

KLISCHEE KISTE

SPUREN DER KNÖDEL-MONARCHIE

Ein bisschen ist es Goethes Schuld, dass wir den Gardasee für ein durch und durch mediterranes Urlaubsziel halten. In seiner „Reise nach Italien" spricht der Dichter von Feigen und Oliven. Natürlich wachsen am Gardasee Orangen und Zitronen, man isst Pizza und *gelato.* Doch der nördliche Teil des Gardasees war lange Zeit unter österreichischer Herrschaft. Die Habsburger sind mittlerweile weg, aber sie haben vor allem ihre kulinarische Erbschaft dagelassen, u. a. in Form von allerlei Knödeln *(canederli)* und Speck.

IMMER LAUT, IMMER FRÖHLICH

Mütter, die ihre Kinder am Strand anschreien, eine Freundesclique, die mit ihrem Geschnatter den Restaurantsaal füllt, der Bademeister, der einer Frau hinterherpfeift? Mag sein, dass die Italiener etwas lauter sind als Deutsche, doch gerade der Ruf der Gardaseeanrainer weicht sehr von dieser Klischeevorstellung ab: Die Trentiner gelten für andere Italiener als mürrische *orsi* (Bären), die Lombarden als zurückhaltendes Bergvolk und die Veneter als kalt und berechnend. Auch Klischees? Aber sicher! Die Wahrheit liegt wohl irgendwo dazwischen.

dipozzolengo.it) wird dort mit großem Erfolg Biosafran von hoher Qualität kultiviert – rund 3 kg jedes Jahr. Das heißt, dass dort rund 600 000 Safranblüten von Hand geerntet und zum Teil gleich zu feinen Köstlichkeiten verarbeitet werden. Lust bekommen? Ein Besuch im *Hofladen (tgl. 9–12 und 15–18 Uhr)* lohnt sich unbedingt!

DER SCHATZ VOM MONTE BALDO

Die Trüffel (italienisch *tartufo*) ist ein Schlauchpilz – was für ein schnöder Name für diese Köstlichkeit! Die Pilze wachsen unterirdisch an den Wurzeln von Laubbäumen. Bekannte Regionen im Bereich dieses Reiseführers sind der Monte Baldo auf der östlichen und der Parco Alto Garda Bresciano auf der westlichen Seite des Gardasees, wo in Tignale im Herbst das Trüffelfest *Sagra del Tartufo (tignale.org)* stattfindet. Früher ließ man Schweine nach Trüffeln suchen, die diese auch zuverlässig fanden, sie aber selber gerne fraßen. Heute richtet man Hunde darauf ab. Die Trüffelsuche ist gesetzlich geregelt, nur die *tartufari* dürfen mit ihren Hunden nach den teuren Knollen graben. Privates Trüffelsuchen wird als Wilderei geahndet!

LEBENSELIXIER

Darauf ist Alberto Dagnoli stolz: Er ist über 80 Jahre alt und kerngesund. Sein Rezept: viel frischer Fisch, Olivenöl und natürlich Zitronen. Dem Senior war es jahrelang eine Herzensangelegenheit, Interessierte durch die Zitronengärten von Limone zu begleiten. Er weiß, dass den Einwohnern von Li-mone ein langes Leben im Blut liegt. Bestes Beispiel sind seine Großeltern, die auch noch im hohen Alter richtig mit anpacken konnten. Warum grade die Limonesi? Grund ist weniger der Speiseplan der Einwohner des einst isolierten Fischerdorfs, auf dem hauptsächlich Fisch, Olivenöl und Zitrone standen. Vielmehr ist es ein mutiertes Gen, das gut 40 Einwohner des Örtchens in sich tragen. Es hilft mit, das Cholesterin im Blut einzusammeln und zur Leber zu transportieren und beugt so Herz-Kreislauf-Erkrankungen vor. Albertos Bruder gehört zu diesen Glücklichen, er selber nicht. Aber das macht nichts, denn ihm geht es wunderbar. Und er schwört auf den täglichen Genuss von sauren Zitrusfrüchten!

DAS FETT DER FEINSCHMECKER

Der Gardasee ohne Olivenöl? Das wäre wie München ohne Bier! Ivo Bertamini lacht. Er ist Olivenbauer im Norden des Gardasees und betreibt seit fast 50 Jahren bei Arco ein *frantoio*, eine traditionelle Ölmühle *(short.travel/gar29)*. „Wir pressen die Oliven mit einem richtigen Mühlstein. Im Vergleich zu den Ölen aus hoch technisierten Mühlen schmeckt unseres weicher und weniger pikant." Seit ein paar Jahren stellt er auch kosmetische Produkte wie Seife, Shampoo und Cremes her. Aber auf den vielen Terrassen und in den Gärten rund um den See werden Olivenbäume nicht nur hauptberuflich kultiviert. Viele Familien haben ein paar Bäume und machen ihr eige-

Harte Arbeit: Frag mal einen Olivenbauern, warum ein Öl für 5 Euro pro Liter nichts taugt

nes Öl. Das ist wirklich harte Arbeit. Kaum einer, der seinen Salat mit Gardasee-Olivenöl anmacht, weiß, dass dort alle Oliven von Hand geerntet werden. Ein Baum trägt ungefähr 20–30 kg. Zwei geübte Pflücker ernten am Tag maximal 100 kg Oliven, die 15–18 l Öl erbringen. Kein Wunder also, dass ein Liter gutes Öl leicht 25 oder 30 Euro kostet.

WRACKTAUCHER

Da schlägt das Taucherherz schneller: 2017 wurde ein neues Relikt der Gardasee-Seefahrtgeschichte entdeckt. Das Wrack eines Transportschiffs liegt in rund 150 m Tiefe auf halbem Weg zwischen Maderno am West- und Torri del Benaco am Ostufer. Das Unglück muss sich wohl im 17. Jh. ereignet haben. Interessierte können sich die Fotos auf Facebook unter „La storia sommersa – Lago di Garda" ansehen.

SEINE MAJESTÄT DER STOCKFISCH

Dass auf Briefmarken Bauwerke zu sehen sind, ist normal, auch Persönlichkeiten sieht man oder Tiere und Pflanzen. Aber Essen?! In Italien ist jetzt zum ersten Mal in der Geschichte der Postwertzeichen diese Ehre einem Rezept zuteil geworden, dem *baccalà alla vicentina* aus dem südöstlichen Hinterland des Gardasees. So zieren seit 2017 ein Terrakottatopf mit der Stockfischspezialität aus Vicenza, ein paar Stockfischstückchen und eine Schüssel mit Polenta die 95-Cent-Briefmarke. Wer Italienisch versteht, kann auf *baccala allavicentina.it* nachlesen, wie der norwegische Stockfisch nach Vicenza kam und dort zu einem Klassiker wurde.

ESSEN
SHOPPEN
SPORT

Olivenöl und Grappa, Käse und Wein: verführerische „Delicatezze del Garda"

ESSEN & TRINKEN

Essen, das ist am Gardasee wie in ganz Italien weit mehr als nur schlichte Nahrungsaufnahme: Essen ist Kultur. Der See grenzt an drei Regionen: Trentino, Lombardei und Venetien. Es gibt also keine einheitliche Gardaseeküche, was eine kulinarische Rundreise umso aufregender macht.

Gemeinsamer kulinarischer Nenner aller drei Regionen ist, dass die Küche sowohl vom alpinen Hinterland als auch von der Nähe zum See geprägt ist. Und natürlich ist die Auswahl an guten (Fisch-)Restaurants groß.

LECKERES AUS DEM WASSER

Die Seeküche umfasst exzellente Süßwasserfische wie Forelle *(trota)*, Gardaseefelchen *(coregone)*, Renke *(lavarello)*, Hecht *(luccio)*, Barsch *(persico)* und die – allerdings besser zu meidende, weil vom Aussterben bedrohte – Gardaseeforelle *(carpione)*. Wer auf der Speisekarte *sardine di lago* entdeckt, sollte die seltene Gelegenheit nutzen. Sardinen sind eigentlich Meeresfische, doch im Gardasee lebt eine Unterart, die auf Deutsch Finte genannt wird. Die Sardinen werden klein geschnitten und unter Pasta gemischt: *Spaghetti con sardine di lago* sind ein beliebtes Gericht.

DEFTIGES AUS DEN BERGEN

Herzhaft ist die Küche im nördlichen Trentino. Hier kommen gern deftige Gerichte wie Polenta, ein fester Brei aus Maisgrieß, mit Kaninchen *(coniglio)*, *strangolapreti* (Spinatgnocchi, köstlich mit geschmolzener Butter und Salbei) oder *canederli* (Knödel) auf den Tisch. Manche Gerichte sind für Sommerabende fast zu schwer. Ein Grund dafür, auch im Winter mal an den *lago* zu fahren. Weiterer Pluspunkt eines Winteraufenthalts: Im Dezember erntet man an den Hängen des Monte

Soulfood vom Gardasee: Polenta mit Speck und Pfifferlingen (li.)

Baldo Trüffeln *(tartufi)* – eine Köstlichkeit! Aus Tenno unweit von Riva kommt eine weitere Spezialität des Trentino: carne salada, eine Art Pökelfleisch, das einst in Holzfässern aufbewahrt wurde. Es wird entweder roh wie Carpaccio als Vorspeise serviert oder gekocht mit Bohnen und Zwiebeln. Alpines Flair auf die Teller bringen auch Tagliatelle mit Pilzen oder Risotto *ai funghi porcini,* also mit Steinpilzen.

RISOTTI UND TORTELLINI

Obwohl im östlich an den See grenzenden Venetien schon immer viel Handel betrieben wurde und die Menschen kulinarische Waren aus Asien und Afrika kannten, blieb die Küche schlicht und eher vom Norden geprägt. Gerne werden Bohnen, Fisch und Innereien verwendet. Polenta wird hier auch serviert, allerdings ist sie oft feinkörnig und cremig, da sie aus den geschälten Körnern einer helleren Maissorte hergestellt wird. Und da es südlich von Verona in der Poebene weitläufige Reisfelder gibt, finden Urlauber Risotti in allen Variationen auf den Speisekarten. Bei der Pasta schwören die Einheimischen auf dicke Spaghetti, die *bigoli.* Kein Geheimtipp mehr sind die enorm leckeren handgefertigten Tortellini di Valeggio aus dem gleichnamigen Städtchen südlich von Peschiera.

UNGEWÖHNLICHE FLEISCHSORTEN

Den größten Anteil am Seeufer hat die Lombardei, die sich von Limone im Norden am Westufer entlang über Salò und weiter im Süden bis nach Sirmione zieht. Die lombardischen Seeanrainer lieben herzhafte Suppen, würziges Schmorfleisch oder einen *spiedo* (Spieß): Verschiedene Fleischsorten werden abwechselnd mit Speck auf einen langen Spieß gesteckt und auf offenem Feuer gegrillt. Was darf dabei auch in der Lombardei nicht fehlen? Natürlich Polenta! Auch Pferdefleisch, Froschschenkel oder Schnecken finden entdeckungsfreudige Genießer auf den Speisekarten.

SALUTE!

Vielfältig ist rund um den See auch das Getränkeangebot. Die deftige Küche des Nordens verlangt nach kräftigen Weinen: Zwei köstliche, nur im Trentino gekelterte Rotweine sind der Teroldego und der Marzemino. Der Norden ist aber auch für seine Grappas berühmt. Man trinkt den hochprozentigen Tresterbrand meist klar, gelegentlich aber auch angesetzt mit Kiefernnadeln, Vogelbeeren, Enzianwurzeln.

INSIDER-TIPP
Goldener Grappa

Manche Brennereien lagern Grappa in Holzfässern. Der Schnaps bekommt dadurch eine goldene Farbe und sieht dann aus wie Whisky. Weniger bekannt ist der köstliche Dessertwein *vino santo* aus der Gegend des Toblinosees. Dafür werden Nosiolatrauben auf hölzernen Regalen von der Gardaseebrise getrocknet und in der *settimana santa,* der Karwoche, gepresst.

Der typische Wein am Ostufer ist der rote Bardolino. Einst als Massenwein in Verruf geraten, wird er mittlerweile vielerorts in guter Qualität produziert. Wer sich genauer informieren möchte, fährt die Strada del Vino entlang. Im südöstlichen Gebiet des Sees locken feine Weißweine wie der Lugana. Und als Aperitif oder für den Abschluss eines Mahls wird im Südwesten des Sees in der Region Franciacorta südlich des Iseosees prickelnder Schaumwein im Champagnerverfahren produziert.

Das Ostufer steht in Sachen Wein ganz im Zeichen des Bardolino

BIRRA ALLA LAGO

Ein Aperol Spritz oder ein Glas Wein – das gehört zum Urlaub am Lago dazu. Doch gerade die jungen Italiener bestellen immer öfter Craftbiere von Kleinbrauereien aus dem südlichen Seebereich oder unfiltriertes Bier aus dem Ledrotal. Bier gibt es *alla spina* (vom Fass) oder *in bottiglia.*

Ein Tipp zum Schluss: In Supermärkten oder Feinkostläden gibt es viele regionale Spezialitäten zu erschwinglichen Preisen: Käse und Salami aus der Umgebung, Oliven und eingelegtes Gemüse, frisches Brot – und natürlich Tomaten, Mozzarella und Basilikum. Setz dich damit an den Strand, auf einen Steg oder an einen Berghang und genieß ein Picknick im Freien. *Buon appetito!*

Unsere Empfehlung heute

Antipasti

SARDE IN SAÒR
Sauer eingelegte Sardinen mit
karamellisierten Zwiebeln, Pinien-
kernen und Rosinen

CARNE SALADA
Pökelfleisch aus der Rindernuss, dünn
aufgeschnitten und roh serviert

FIORI DI ZUCCA RIPIENI
Mit Ricotta gefüllte Zucchiniblüten

Primi Piatti

BIGOLI CON LE SARDE
Dicke Spaghetti mit Sardellen

RISOTTO CON LE TINCHE
Risotto mit Gardaseeschleien

TORTELLI DI ZUCCA
Teigtaschen mit Kürbisfüllung

STRANGOLAPRETI BURRO E SALVIA
Spinatnocken mit Butter und Salbei

Secondi Piatti

TROTA IN SAÒR
Forelle in Zwiebel-Weißwein-Marinade

LUCCIO IN SALSA
Hecht in einer Sauce aus
gebratenen Sardinen

ALBORELLE
Frittierte Seefischchen

LAVARELLO ALLA GRIGLIA
Gardaseerenke vom Grill

COTOLETTA ALLA MILANESE
Wiener Schnitzel

BOLLITO MISTO
Eintopf aus gekochtem Hühner-,
Kalb- und Rindfleisch mit eingelegten
Senffrüchten

FARAONA RIPIENA
Gefülltes Perlhuhn

PASTISSADA DE CAVAL
Pferdegulasch, langsam in
Rotwein geschmort

Dolci

MACEDONIA
Obstsalat aus frischen Früchten

TORTA SBRISOLONA
In Stücke gebrochener
Streuselkuchen

SHOPPEN & STÖBERN

INSIDER-TIPP
Vakuumiertes
Vergnügen

LECKERES VOM SEE

Die Auswahl an leckeren Mitbringseln ist groß – der Trick ist zu wissen, wo man was am besten kauft: Das milde Olivenöl vom Gardasee holst du am besten (und am günstigsten) in einer der vielen Kooperativen, z. B. in Riva, Gargnano oder Limone. Käse solltest du idealerweise in einem *caseificio* kaufen, also in einer Käserei, etwa in San Zeno di Montagna oder Tremosine. Wein und Grappa gehören auf jeden Fall auch in den Kofferraum. Beides kaufst du, wenn du nicht gleich die Weingüter etwa an der Strada del Vino abklapperst, lieber im Supermarkt oder in Weingeschäften als in Souvenirläden – denn in der allzu hübschen Glasflasche für Touristen steckt nicht immer der beste Tropfen. Wenn du ein Fan von *prosciutto* und Mortadella bist, hier noch ein Tipp: Viele Supermärkte, etwa die der Coop-Kette, schweißen dir Aufschnitt auf Wunsch auch ein, so-dass er die Heimfahrt besser übersteht.

DIREKT VOM LAUFSTEG

In den Markenboutiquen von Salò, Peschiera, Desenzano, Riva und Bardolino kannst du echte italienische Designermode shoppen. Schnäppchen findest du gegen Ende des Sommers beim Schlussverkauf, den *saldi*. Dann wird die Ware in vielen Geschäften um die Hälfte reduziert. Lederwaren sind in Italien immer noch günstig zu bekommen, vor allem auf den vielen Märkten. Zu billig sollten sie aber nicht sein, sonst ist das Risiko groß, dass du gerade ein gefälschtes oder schlechtes Produkt kaufst.

EIN PARADIES FÜR SPORTLER

Wo sich so viele Bewegungshungrige wie am Gardasee tummeln, fehlt es natürlich nicht an den passenden Sport-

Im Land, wo die Zitronen blühn, kommen selbige natürlich auch in die Seife (li.)

geschäften. In Torbole gibt es alles für Windsurfer, vom schnittigen Board über stylishe Ausrüstung bis hin zum Wetsuit. Wanderer und Kletterer sind in Arco gut aufgehoben: Dort sind Bergsportartikel bis zu 30 Prozent billiger als in Deutschland. Mountainbiker finden vor allem in Torbole oder Arco Accessoires und Ersatzteile.

BELLA ITALIA FÜR DEINE HAUSTÜR

Du willst deine Gäste künftig schon an der Tür mit einem Hauch Mittelmeer begrüßen? Dann leg dir eins der Hausnummernschilder zu, die du in Limone überall kaufen kannst. Aus Keramik und mit Zitronen verziert – das hebt die Stimmung!

SCHNÄPPCHEN BEIM FABRIKVERKAUF

Vor allem im Süden des Sees erfreut sich Outletshopping großer Beliebtheit. Markenware mit zehn bis 20 Prozent Rabatt gibt es u.a. am Hauptsitz des Kaffee- und Küchengerätespezialisten *Bialetti (Via Fogliano 1)* in Coccaglio 25 km westlich von Brescia. Unterwäsche, Strümpfen und Bikinis gibt es im *Calzedonia Intimissimi Outlet (Via del Lavoro 18)* in Avio (Ausfahrt Ala-Avio der A22).

FÜR HAUT UND HAARE

Mehrere Läden verkaufen Kosmetikprodukte, die aus Öl, Zitronen oder Trauben vom Gardasee hergestellt werden. Auf *vitalake.com/punti-vendita/* findest du eine Übersicht der Geschäfte, die etwa die Produkte der Firma Vita Lake verkaufen. Ihre Körpercreme ist mit Zitronen von der Riviera dei Limoni hergestellt, der Körperscrub enthält Rotwein aus Bardolino. Der Versuchung, von den Produkten zu naschen, widerstehst du aber besser ...

SPORT

Die meisten kennen und lieben den Gardasee als Sportsee. Kein Wunder, denn seine zuverlässigen Winde ziehen seit Jahrzehnten Surfer und Segler an. Kletterer schätzen die Kalksteinwände im Norden, wo sich auch Mountainbiker auf unzähligen Trails austoben. Aber selbst wer einfach nur wandern, baden oder Boot fahren möchte, ist an diesem Abenteuerspielplatz für Erwachsene gut aufgehoben.

WIND- & KITESURFEN

Die Königsdisziplin am Gardasee! Er eignet sich deshalb so gut zum Surfen, weil sein nördlicher Teil aus einem engen Gebirgstal herauswächst, durch das regelmäßig Winde wie durch eine Düse blasen. Torbole am Nordufer ist das Mekka der Surfer schlechthin, in Riva sind die Bedingungen auch für Anfänger geeignet. Ein weiteres Plus des nördlichen Seezipfels: Im Trentiner Teil des Sees dürfen keine Motorboote fahren. Surfschulen und -center mit Brettverleih konzentrieren sich außer in Torbole vor allem in Riva, Malcesine und Gargnano.

Durchgesetzt hat sich auch das Kitesurfen: Die meisten Surfschulen haben Kitekurse in ihr ständiges Angebot aufgenommen. Und auch das Stand-up-Paddeln ist mittlerweile Trendsport am Gardasee: Viele Surfschulen bieten Kurse an oder einfach die Möglichkeit, sich ein Brett auszuleihen und gemütlich loszupaddeln. Es empfiehlt sich allerdings, sich vorher schlauzumachen, wann die Winde etwas weniger wehen, damit der Spaß nicht auf der Strecke bleibt.

SEGELN

Seit den 1960er-Jahren ist der Gardasee dank seiner Windbeständigkeit eines der beliebtesten Segelreviere Europas. Segelschulen gibt es überall

Der Norden ist das Mekka der Kletterer: Felsen an der Via dell'Amicizia hoch über Riva

am See. Und jedes Jahr werden fast 100 Regatten ausgetragen, wovon die berühmteste sicher die *Centomiglia (circolovelagargnano.it/la-centomiglia)* im September in Bogliaco ist.

TAUCHEN
Tauchzentren mit Kursen und Tauchausflügen gibt es u. a. in Torri del Benaco, Riva, Salò und Desenzano. *Arco Sub (Tel. 34 00 04 56 51 | arcosub.com)* in Torbole organisiert Kurse.

RADFAHREN & MOUNTAINBIKING
Für die ambitionierteren unter den Radsportlern ist der alpin geprägte Norden das beliebteste Revier. Der Parcours *Mountain & Garda Bike* zieht sich über 218 km und überwindet dabei 10 000 Höhenmeter, war bei Redaktionsschluss aber streckenweise auf unbestimmte Zeit gesperrt. Rund um Riva findet Ende April/Anfang Mai das *Bike-Festival (riva.bike-festival.de)* statt.

Der ⚑ Monte Baldo ist das begehrteste Ziel konditionsstarker Mountainbiker. Wer sich die Plackerei bergauf sparen möchte, nimmt die Seilbahn von Malcesine, die zu bestimmten Uhrzeiten Räder transportiert. Und bei *Xtreme (Via Navene Vecchia 10 | Tel. 04 57 40 01 05 | xtrememalcesine.com)* an der Talstation kann man nicht nur Bikes leihen, sie werden auch hinaufgebracht.

Die Provinz Verona hat für die Sommermonate den Service *Bus & Bike (Tel. 04 58 05 78 11 | atv.verona.it/ Walk_e_Bike)* ins Leben gerufen: Man fährt mit dem Linienbus, der auch das Rad transportiert, von Garda bis nach San Zeno di Montagna oder Prada am Hang des Monte Baldo hinauf und von dort geht es dann nur noch bergab.

Wer es gemütlicher mag, erkundet auf den vielen Radwegen rund um den See die Landschaft. Noch kann man den See nicht komplett auf Radwegen umrunden, jedes Jahr werden aber neue Teilstrecken des Radwegs um den See eröffnet.

KLETTERN & BOULDERN

Es heißt, Arco sei die Wiege des europäischen Klettersports. Fest steht, dass es dort über 2000 gebohrte Routen in praktisch jedem Schwierigkeitsgrad gibt und mehr Kletterläden als Supermärkte. Wer nicht allein klettern möchte, schließt sich den örtlichen Bergführern an – das Spektrum reicht vom Fun Climb über 👥 Kinderklettern bis zu Kletterkursen aller Art. Und wenn's mal stürmt und regnet, bietet eine Kletterhalle in Verona eine echte Alternative: 🌂 *King Rock (Mo–Do 9–24, Fr 9-22.30, Sa 10–19 Uhr, So nur bei schlechtem Wetter 10–19 Uhr | Via Cà di Mazzè 21 | kingrock.it).* Ein Spektakel ist der Kletterwettkampf *Rock Master (rockmaster.com)* im Spätsommer in Arco, wo sich die Weltelite der Freeclimber versammelt.

INSIDER-TIPP
Es regnet? Mir doch egal!

CANYONING

Manche Sportarten kann man nicht ohne professionelle Anleitung ausüben, so etwa das Canyoning. Diese Veranstalter bieten geführte Touren durch spektakuläre Schluchten an: *XMountain (Via Frà Giovanni da Schio 1e | San Giovanni Lupatoto | Tel. 34 81 46 37 00 | xmountain.it); Canyon Adventures (Via Matteotti 122 | Torbole | Tel. 33 48 69 86 66 | canyonadv. com); Mmove (Via Legionari Cecoslovacchi 14 | Arco | Tel. 33 42 19 38 62 | mmove.net); Skyclimber (Via Taroli 4 | Tremosine | Tel. 34 81 99 71 99 | sky climber.it)*

WANDERN

Eben noch unter einem Olivenbaum gerastet, und schon stehst du zwischen schroffen Felsformationen und gehst über weite Almwiesen: Diese Kontraste machen den Reiz des Wanderns am Gardasee aus. Zu den schönsten Gebieten gehören der Monte Baldo, der Naturpark Alto Garda Bresciano am Westufer, Ledrotal und Tennosee im Norden und Rocca di Garda, Minciotal und Rocca di Manerba im Süden.

Etwas ganz Besonderes ist der *Sentiero della Pace,* der sich über mehr als 500 km vom Stilfser Joch bis zur Marmolada entlang der Frontlinie des Ersten Weltkriegs erstreckt. Er verbindet Bollwerke und Festungsanlagen, Tunnel und Friedhöfe sowie große und kleine Museen. Der südliche Teil zwischen Riva und Rovereto *(short.tra vel/gar20)* mit dem Monte Brione ist leicht begehbar. Die landschaftlichen Eindrücke auf diesem Weitwanderweg sind oft spektakulär, doch bei jedem Schritt werden sensible Wanderer daran erinnert, auf welch fürchterlichen Pfaden sie hier unterwegs sind. Auf 150 000 bis 180 000 Tote wird die Opferzahl des Gebirgskriegs zwischen 1915 und 1918 geschätzt.

JOGGEN & TRAILRUNNING

Du läufst gerne? Dann Turnschuhe nicht vergessen, denn die Uferpromenaden, Schotterwege, Pfade und Trails rund um den See sind ein echtes Laufparadies. Wer sich gern mit anderen misst, hat folgende Möglichkeiten: *Lake Garda Marathon (lakegardamarathon.com)*, Berglauf *Limone Extreme Skyrace (limonextreme.com)* oder *Garda Trentino Half Marathon (trentinoeventi.it)*.

YOGA

Einmal auf einem Stand-up-Paddleboard meditieren? Oder den Sonnengruß wörtlich nehmen und auf einer Bergwiese üben? Am Gardasee bieten sich Yogis unzählige Möglichkeiten, auch im Urlaub Geist und Körper im Lot zu halten. Am Nordufer kannst du bei Yogalehrerin *Giulia Bazzanella (giuliabazzanella.wixsite.com/yoga)* in Arco einzelne Stunden am Strand in Riva oder bei der Burg in Arco buchen. Im Süden hat *Indigo-Yoga (indigoyogasup.it)* in Desenzano Yogastunden auf einen SUP-Board im Programm. Am Ostufer bieten die Lehrerinnen Annette Füchsle-Reiter und Renate Gronbach Yogawochen für Anfänger und Fortgeschrittene in ihrem Yogastudio *Yogarda (yogarda.de)* in San Zeno di Montagna an. Und in der Schule *Sagar Yoga (sagar.yoga)* in Toscolano-Maderno am Westufer kannst du zwischen verschiedenen Kursen wählen, u. a. auch Yoga für Familien.

REITEN

Ausritte und Reittouren organisieren *Ranch Il Bosco (Puegnago del Garda | Tel. 03 65 55 55 05 | ranchilbosco.it); Scuderia Castello (Toscolano-Maderno | Tel. 03 65 64 41 01 | scuderiacastello.it); Club Ippico San Giorgio (Arco | Tel. 32 93 81 76 34 | clubippicosangiorgio.it)*.

Keine Frage: Windsurfen ist der Sport Nummer eins am Gardasee

DIE REGIONEN IM ÜBERBLICK

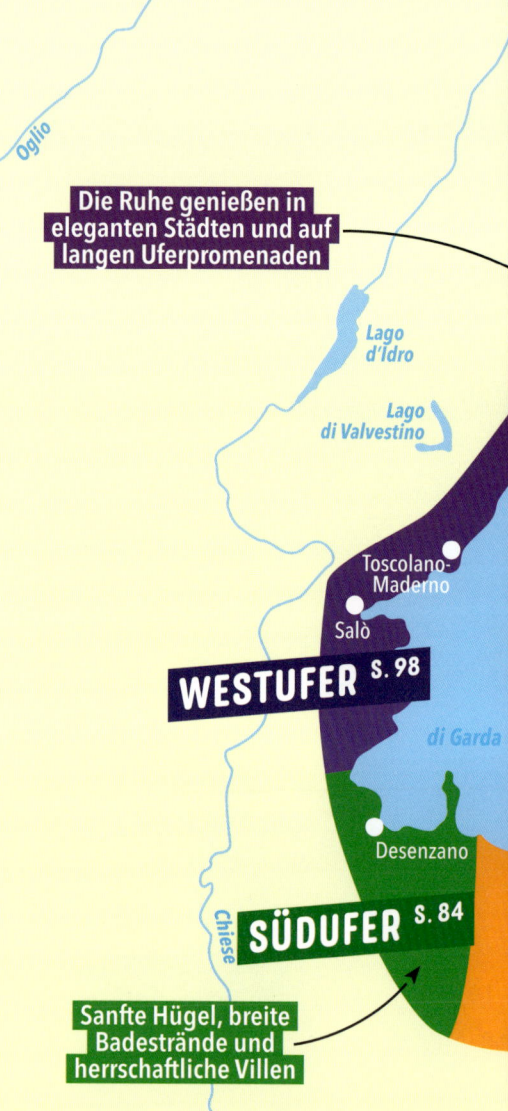

Oglio

Lago d'Idro

Lago di Valvestino

Lago

d' Iseo

Die Ruhe genießen in eleganten Städten und auf langen Uferpromenaden

Toscolano-Maderno

Salò

WESTUFER S. 98

di Garda

Desenzano

Chiese

SÜDUFER S. 84

Sanfte Hügel, breite Badestrände und herrschaftliche Villen

8 km
12.9 mi

Am fjordartigen Ufer surfen und unter Palmen einen Spritz genießen

Im Schatten des Monte Baldo kleine Dörfer am See entdecken

NORDUFER S. 38

OSTUFER S. 60

Sarca

Arco

Riva

Lago di Ledro

Adige

Lago

Lazise

NORDUFER

DAS PARADIES DER SPORTLER

Bis nach Norwegen fahren, um einen Fjord zu bewundern? Das kannst du dir sparen. Am Nordufer des Gardasees sieht es ähnlich spektakulär aus. Mächtig steil ragen die Bergwände hier auf, unten aber wachsen Palmen und Olivenbäume.

Für Ortschaften ist wenig Platz. Allein Riva kann sich etwas ausbreiten. Das Nachbardörfchen Torbole ist eingezwängt zwischen Monte Brione, Seeufer und dem Felsen, auf dem die Ruine der Burg Penede thront. Genau diese Lage schätzt das Publikum von Torbole: Wie

Nirgends bläst es so konstant wie hier: Windsurfer vor dem Nordufer

durch eine Düse pfeifen hier regelmäßig die Winde *ora, pelèr* und *balì,* sehr zur Freude der Surfer.

Weiter südlich gelangt man nach Malcesine, einem netten alten Dorf mit Burg, allerdings oft sehr überlaufen. Aktive wandern hier zum Gipfel des Monte Baldo und genießen den einzigartigen Blick. Gegenüber, am nordwestlichen Ufer, gedeihen Zitronen in den alten Gewächshäusern von Limone. Tagsüber stürmen Gäste den Ort, doch in Gassen abseits der Hauptstraße spürt man noch den Charme des Dorfs.

NORDUFER

Breguzzo
Bondo
Roncone
Daone
Bersone
Creto
Cologna
Castel Condino
Cimego
Condino
Tiarno di Sotto
Tiarno di Sopra
Ca' Rossa
Storo

Lago di Tenno **2**
Campi
Lenzumo
Bezzecca
Locca
Pieve di Ledro
Mezzolago
3 Lago di Ledro
Molina di Ledro
Biacesa di Ledro
Prega

14 km, 20 Min.

LOMBARDIA

Limone sul Garda
S. 42

237
240

MARCO POLO HIGHLIGHTS

★ **CASTELLO SCALIGERO IN MALCESINE**
Schon Goethe war der Schönheit des Scaligerkastells direkt am See verfallen ➤ S. 55

★ **FUNIVIA MALCESINE–MONTE BALDO**
Fernsicht aus der verglasten Seilbahn und vom Gipfel ➤ S. 57

★ **CASTELLO DI ARCO**
In der Burg hoch über dem Städtchen: Türme mit Blick auf den Olivenhain und ein beängstigender Kerker ➤ S. 54

★ **RIVA DEL GARDA**
Durchs weitgehend autofreie Zentrum schlendern und *gelato* essen: Seit mehr als 100 Jahren erliegen Literaten und „Normalos" dem Charme des Städtchens ➤ S. 44

Pieve
45
Spiaggia Paina
Funivia Malcesine–Monte Baldo ★ **9**
Malcesine
S. 54
Campione del Garda
Castello Scaligero ★
Tignale
Cassone **11**
Eremo Santi Benigno e Caro **10**
Assenza
Muslone
di Garda
Porto
Magugnano
11 Brenzone

Am schönsten präsentiert sich Limone vom Wasser aus: Komm mit dem Schiff!

LIMONE SUL GARDA

(⊞ H–J3) **Vorsicht, Missverständnis! In diesem Dorf am Nordwestufer wachsen Zitronen in Gewächshäusern am Hang, viele Läden verkaufen T-Shirts, Taschen oder Küchenutensilien, die mit der Frucht verziert sind. Limone? Der Name wird ja wohl von der Zitrone stammen, denken die meisten. Die wahre Geschichte geht anders: Einst verlief hier die Grenze zwischen Österreich und Italien, lateinisch *limes*.**

Dennoch bestimmen Zitronen seit Jahrhunderten das Leben des Dorfs: Im Mittelalter brachten Mönche die Früchte an den Gardasee, 1750 wurden die ersten Zitronen geerntet. Sie dienten als Tauschware und wurden ein begehrtes Handelsgut.

Noch heute ist das Mikroklima in dieser Ecke besonders mild; trotzdem beschränkt sich der Touristentrubel auf die Sommermonate. Ab November fällt das Dorf in den Winterschlaf: Geschäfte und Lokale schließen, Parkuhren werden in Nylon verpackt, die Schranken des Parkhauses abmontiert. Der Ort gehört dann wieder den gut 1000 Einheimischen. Die setzen längst mehr auf den Tourismus als auf Zitronen. Trotzdem verfeinern diese viele Speisen und Kuchen, werden in Scheiben geschnitten mit braunem Zucker gegessen oder als Limoncello getrunken.

SIGHTSEEING

MUSEO DEL TURISMO 🐷

Alte Gardasee-Werbeplakate, Fotos, Zeitungsausschnitte: In diesem Museum unternimmst du eine Zeitreise in die (touristische) Vergangenheit von Limone. Erkennst du die Orte wieder? Das kleine Museum liegt mitten in der Altstadt, hat lange geöffnet und der Eintritt ist frei. Was will man mehr? *April–Okt. tgl. 10–22 Uhr | Via Monsignor Daniele Comboni 3 | ⏱ 1 Std.*

LIMONAIA DEL CASTEL

Im Zitronengewächshaus aus dem 18. Jh. wachsen und duften rund 50 verschiedene Zitrussorten. Ein Museum erzählt die Geschichte und die Nutzung der Gewächshäuser in Limone. *April–Mitte Mai und Mitte Sept.–Okt. tgl. 10–18, Mitte Mai–Mitte Sept. 10–22 Uhr | Via Orti 9 | ⏱ 1 Std.*

PARCO VILLA BOGHI

Genug vom Trubel in der Altstadt? Dann ab in den Garten der Villa Boghi. Dort gibt es auch ein kleines Fischermuseum und ein historisches Zitronengewächshaus. *Tgl. 9–21 Uhr | Via IV Novembre 42 | ⏱ 1 Std.*

ESSEN & TRINKEN

HOTEL AL RIO SÈ

In dem kleinen Hotel kehren Stammgäste seit Jahrzehnten ein. Auf der Terrasse des Restaurants genießt man beispielsweise Forellenfilet mit frischem Salbei und Butter. *April–Okt. tgl. | Via Nova 12 | Tel. 03 65 95 41 82 | alriose.com | €*

DALCO

Hoch überm See kann man auf der weitläufigen Terrasse oder im Garten mit Pool Antipasti mit Fisch oder Pasta mit Zitrone, Pecorino und Pfeffer genießen, dazu: der Blick auf den Monte Baldo im Sonnenuntergang. Faire Preise, ein bisschen Loungeflair und vor allem sehr lecker! *Tgl. | Via Prealzo 4a | Tel. 03 65 95 46 35 | €–€€*

INSIDER-TIPP
Pasta mit Panorama

SHOPPEN

MARKT

Von Ostern bis Oktober ist jeden Dienstag von 8 bis 13 Uhr Markt im Zentrum.

COOPERATIVA AGRICOLA POSSIDENTI OLIVETI

Bei der „Genossenschaft der Olivenhainbesitzer" bekommst du außer dem kalt gepressten *olio extravergine di oliva* auch Oliven und Pasten aus der Region. *Via Campaldo 10 | oleifi ciolimonesulgarda.it*

NONSOLOVINO

Der Name „Nicht nur Wein" verrät es bereits: Familie Zanetti verkauft in diesem Laden neben Weinen aus dem familieneigenen Gut bei Tremosine auch Öl, Safranhonig, Wildschweinsalami und, natürlich, Limoncello. *Via Antonio Moro 6 | agricolazanetti.com*

SPORT & SPASS

2018 wurde der erste Abschnitt des Gardasee-Radwegs zwischen Limone und dem wenige Kilometer nördlich gelegenen Capo Reamol eröffnet. Das Projekt „Garda by Bike" sieht einen 140 km langen Rundweg um den See vor. Zum Teil wird er durch Tunnel verlaufen, an anderen Stellen ist eine Eisenkonstruktion am Berghang geplant. So ist es auch auf dem 2 km langen Abschnitt bei Limone. Manche sprechen etwas vollmundig vom „schönsten Radweg der Welt", Umweltschützer befürchten, dass beim Bau zu viele Bäume gefällt werden müssen.

Surfing Lino (Tel. 33 84 09 74 90 | sur finglino.com) an der Spiaggia Fonte Torrente San Giovanni bietet Cat-Segel- und Windsurfkurse an. Von Mai bis Oktober organisiert der Fremdenverkehrsverband ☎ kostenlose geführte Wanderungen, z. B. die Tour zur Hütte Bonaventura Segala. Informationen in der Touristeninfo und auf vi sitlimonesulgarda.com.

STRÄNDE

Die Strände in Limone sind kostenfrei, die Parkplätze in der Nähe aber meist gebührenpflichtig. Entlang der Uferpromenade erstreckt sich der breite Kiesstrand Spiaggia Cola, an der benachbarten Spiaggia Fonte Torrente San Giovanni kann man Beachvolleyball spielen.

WELLNESS

Das Hotel du Lac bietet nach Anmeldung auch Tagesgästen Zugang zum Spa (Mo–Do 9–19, Fr/Sa 9–20, So 10–19 Uhr | Via Fasse 1 | Tel. 03 65 95 44 81 | dulac-limone.it) mit Whirlpool, Sauna und Dampfbad.

AUSGEHEN & FEIERN

In Limone spielt das Nachtleben keine große Rolle. An Möglichkeiten, in der Altstadt einen Spritz zu trinken, fehlt es nicht. Im Sommer finden gelegentlich Konzerte statt.

RIVA DEL GARDA

(📖 J2) **Big City Life, nur etwas kleiner: Unter den Städtchen am Nordufer ist ⭐ Riva (17 000 Ew.) das urbanste.**

Die Einheimischen, die trotz vieler Touristen auch im Sommer noch in der Überzahl sind, kleiden sich modebewusst, die Restaurants sind schicker und statt in Kletter- und Fahrradläden shoppen die Besucher in Boutiquen und Schuhgeschäften. Sind andere Orte am Nordufer im Winter ausgestorben, leuchtet Riva das ganze Jahr: Gehen die Lichter der sommerlichen Feste aus, knipsen die Einheimischen die Weihnachtsdeko an.

Wo kommt der Großstadthauch her? Im 19. Jh., als der Ort noch zum k. u. k. Österreich-Ungarn gehörte, entwickelte sich Riva zu einem gefragten Kurort. Erst waren es die Habsburger, dann gaben amerikanische Millionäre und russische Aristokraten ihr Geld hier aus. Sie alle sehnten sich nach dem milden Klima, der Kultur und den vie-

Ein Hauch von großer weiter Welt weht schon seit dem 19. Jh. durch das charmante Riva

len Ausflugszielen. Daran hat sich bis heute wenig geändert: Riva ist vielen Deutschen, vor allem den Bayern, näher als Ostfriesland – und zwar nicht nur geografisch gesehen. Genieß diese wunderbare Mischung aus italienischem Dolce Vita und alpenländischer Bodenständigkeit!

Auch Aktivurlauber schätzen Riva: Die umliegenden Berge befriedigen die Ansprüche von Bikern und Kletterern. Surfer und Segler genießen die verlässlichen Winde und Wasserratten tummeln sich an den langen Kieselstränden. Die Tage in Riva fühlen sich dadurch nicht nur kürzer an, sie sind es tatsächlich auch: Gegen 17 Uhr, im Winter sogar schon gegen 15 Uhr wirft der Monte Rocchetta seinen Schatten über die Altstadt. Trotzdem bleibt Riva eine der schönsten Städte am Gardasee.

SIGHTSEEING

BURG & MUSEUM

Was einst Furcht einflößen sollte, wirkt heute eher romantisch. Im Graben der Wasserburg aus dem 12. Jh. schaukeln Fischerboote und lassen sich Enten treiben. Im Inneren befindet sich das *Museo Alto Garda MAG (Mitte März–Mai Di–So, Juni–Okt. tgl. 10–18 Uhr | Piazza Cesare Battisti 3a | museoaltogarda.it | ⊙ 1½ Std.)* mit Gemäldegalerie und Landeskundesammlung.

REPTILAND

Skorpione krabbeln umher, Giftschlangen kriechen zwischen Ästen, Riesen-

RIVA

Officina Verde

Agraria

Chiesa dell'Inviolata

Pizzoteca

V. dei Tigli

Via Galas

Via Grez

Via Maso Belli

V. Sant'Alessandro

Viale D. Chiesa

Nino Vannetti

Via Lutti

Viale Nino Pernici

Via Pascoli

Via Masetto

Via Rovigo

Via Filanda

I Momenti

Antiche Mura

Viale D.Alighieri

Markt

Panorama-aufzug (Ascensore Panoramico)

Torre Apponale

Gelateria Etabeta

Pub All'Oca

Riva Bar

Reptil-land

Burg & Museum

Wasserkraftwerk (centrale idroelettrica)

Via Giacomo Cis

Viale Rovereto

Via Padova

Via Treviso

Via Gorizia

Via Bellino

Via Longa

Via Brione

Spiaggia Sabbioni

Viale Rovereto

Lago

di Garda

350 m
383 yd

Sailing Bar

spinnen beäugen die Besucher: Dieses Reptilienhaus in der Altstadt ist nichts für Angsthasen, aber eine Topadresse für kleine Forscher. *Tgl. 12–20 Uhr, Nov.–Feb. reduzierte Zeiten | Piazza Garibaldi 2 | reptiland.it | ⏱ 40 Min.*

TORRE APPONALE
Erklimm die 165 Stufen dieses Turms – spätestens der Blick auf Riva und den See wird dir den Atem rauben. Das 34 m hohe Wahrzeichen der Stadt auf an der lebhaften Piazza III Novembre wurde Anfang des 13. Jhs. zum Schutz des Hafens gebaut. *Mitte März–Mai Di –So, Juni–Okt. tgl. 10–18 Uhr*

PANORAMAAUFZUG (ASCENSORE PANORAMICO)
Mit diesem rundum verglasten Schrägaufzug genießt du einen tollen Blick

auf Riva und den See und erreichst in nur drei Minuten die ehemalige venezianische Festungsanlage, heute Sitz des Bar-Restaurants *Bastione. Mitte Juli-Mitte Okt. tgl. 9.30-24 Uhr | Via Monte Oro*

WASSERKRAFTWERK (CENTRALE IDROELETTRICA)
Hier dringst du im Rahmen einer geführten Tour – auf Deutsch von April bis Oktober einmal die Woche – ins Innere eines Bergs vor, um die einst größten Wasserturbinen der Welt zu sehen. Interaktive Simulationen erzählen, wie das Kraftwerk entstanden ist und wie hier noch heute Strom gewonnen wird – eine auch für Kinder spannende Tour! *Anmeldung erforderlich: Tel. 04 61 03 24 86 | Via Giacomo Cis 13 | hydrotourdolomiti.it | ⏱ 2 Std.*

CHIESA DELL'INVIOLATA

Marmorböden, Fresken und Stuck und stolze fünf Altäre: Die auffällige, achteckige Kirche außerhalb der Altstadt ist zwar klein, aber so reich an Details, dass sich der zehnminütige Spaziergang lohnt. Im 17. Jh. erbaut, ist sie wahrscheinlich die schönste Barockkirche des Trentino. *Viale Roma 50*

GELATERIA ETABETA

Das cremige Pistazieneis musst du probiert haben; der absolute Hit im Sommer sind aber die *granite,* fein gestoßene Wassereiskreationen. In der Wassermelonen-*granita* schwimmen echte Fruchtstücke. *Tgl. 11–23 Uhr | Via Disciplini 14*

I MOMENTI

In Einzelstücke geschnitten und mit einem feinem Dip – etwa Pesto oder Lauchcreme – dazu: Die Pizzen in dieser „Enosteria Pizzeria" sehen nicht nur ungewöhnlich aus, sondern schmecken auch besonders lecker. Bestell am besten zwei halbe Pizzen, um gleich mehrere Geschmacksrichtungen probieren zu können. Auch Meeresfrüchteplatten und eine super Weinauswahl! *Außer Sa/So mittags geschl. | Viale Prati 4c | Tel. 04 64 52 05 40 | imomenti.it | €–€€*

ANTICHE MURA

Saiblingstatar mit Grapefruit und Fenchel, Eigelb in Mandelkruste mit grünem Spargel und Almkäse: Die Gerichte hier sind kleine Kunstwerke. Am Ende des Abends wird das Portemonnaie leichter sein, der Bauch voller und du glücklicher. *Mi geschl. | Via Bastione 19 | Tel. 04 64 55 60 63 | antiche-mura.it | €€–€€€*

PIZZOTECA

Guter Pizzateig, knusprig gebacken und frische Zutaten – das schätzen die Rivaner. Probier mal den Teig aus Kamut, einer alten Weizensorte: Damit wird der Boden noch krosser. Schön ist im Sommer der Garten. *Di geschl. | Viale Baruffaldi 1 | Tel. 04 64 52 04 00 | €*

OFFICINA VERDE

Die Zeiten, als es am Gardasee schwer war, sich vegan zu ernähren, sind vorbei. Etwas außerhalb der Zentrums kreieren Alessandro und Andrea saisonale Menüs mit Biogemüsen. Lass etwas Platz für den Nachtisch – das wirst du nicht bereuen. *Tgl. | Ortsteil San Giacomo 6 | Tel. 04 64 79 10 12 | Facebook | €€*

MARKT

Im Sommer ist jeden zweiten und vierten Mittwoch des Monats Markt am *Viale Dante*.

AGRARIA

Im Laden der Genossenschaft aus rund 300 lokalen Landwirten kannst du allerlei regionale Produkte wie Oli-

INSIDER-TIPP
Werde zum Ölbaron

venöl oder eingelegte Gemüse kaufen. Oder du wirst mit einem Crashkurs an zwei Abenden zum Ölsommelier (Infos zu den Events auf der Facebook-Seite). *Ortsteil San Nazzaro 4 | store.agririva.it*

SPORT & SPASS

Die Fahrradverleihe haben neben normalen Rädern auch sportliche MTBs, etwa der *Garda Bike Shop (Viale Rovereto 3a | gardabikeshop.com).* Ab vier Personen wird auch ein Fahrradtransport angeboten. Am Seeufer liegt die Segelschule *Sailing du Lac (sailingdulac.com).* Hier kannst du einen Segeloder Windsurfkurs belegen oder einfach ein Board ausleihen. Oder du nimmst ein Stand-up-Board und erkundest die Küste.

STRÄNDE

Riva hat einen der größten und schönsten frei zugänglichen Strände des ganzen Sees: Am Kiesstrand der *Spiaggia Sabbioni* liegen Touristen und Einheimische unter den Bäumen, Kinder springen auf den Trampolinen am benachbarten Spielplatz, Freunde trinken einen Aperitif an der Strandbar. Entlang der Uferpromenade Richtung Torbole reiht sich dann ein Strand an den anderen.

AUSGEHEN & FEIERN

PUB ALL'OCA
Ein Stück England im Herzen Rivas. Seit 1982 ist der Pub „Zur Gans" *der* Treffpunkt der Einheimischen. *Di–Sa 17–1, So 17–24 Uhr | Via Santa Maria 15 | Facebook*

RIVA BAR
Tolle Cocktails und *aperitivi* mit Snacks wie Gemüsesticks und kleine Pizzaecken. Mehrmals im Jahr organisiert die Bar auch Workshops. An einem Abend kannst du zum Whiskyprofi werden oder alles über Tequila lernen. Der Haken: Die Abende sind auf Italienisch. Ob man aber die Sprache verstehen muss, um einen guten Gin zu genießen, kannst du selbst entscheiden ... *Tgl. 17.30–2 Uhr | Largo Medaglie d'Oro 1 | rivabar.it*

SAILING BAR
Direkt am Hafen San Nicolò der beste Platz für einen Aperol Spritz und coole Musik oder für einen Kokossaft nach einem Tag am Strand. Der Blick von der Dachterrasse auf Hafen und Berge ist spitze! *Viale Rovereto 136 | Facebook*

RUND UM RIVA

1 CASCATA DEL VARONE
3 km nördlich von Riva/12 Min. mit dem Bus

Der Weg zum 100 m hohen Wasserfall ist kurz, aber sehr beeindruckend, ziemlich laut und ganz schön nass – Regenkleidung mitnehmen! Es gibt nur wenige Parkplätze, aber viele Besucher. Am besten kommst du schon früh am Vormittag! *März und Okt. tgl. 9–17, April und Sept. 9–18, Mai–Aug. 9–19, Nov.–Feb. 10–17 Uhr | cascata-va rone.com |* 📖 *J2*

2 TENNO & LAGO DI TENNO

12 km bis zum Tennosee nördlich von Riva/25 Min. über die SS 421

Eine kurvige Straße führt 6 km hinauf nach Tenno: rechts Weinreben, links der sagenhafte Blick auf den Gardasee. Am Eingang des mittelalterlichen Dorfs, direkt bei der Burg, liegt das Hotelrestaurant *Antica Croce (Mi geschl. | Via dei Laghi 1 | Tel. 04 64 50 06 20 | gardaslowemotion.it | €€).* <mark>Die Spezialität hier ist hausgemachte carne salada, eine Art Pökelfleisch, die ursprünglich aus Tenno kommt.</mark> Von Tenno aus kann man auf dem *Sentiero del Salt* einen schönen Spaziergang in den mittelalterlichen Ort *Canale di Tenno* unternehmen.

INSIDER-TIPP
Mal was anderes als Carpaccio

Fährst du noch ein paar Kilometer weiter, kommst du zum *Lago di Tenno,* einem türkisblauen Gebirgssee mit Badestränden und einer Insel. Noch vor zehn Jahren war das ein ruhiger Sonntagsausflug für Einheimische. Heute ist die Natur zwar immer noch fast unberührt, aber die Strände sind im Sommer ziemlich überfüllt. 📖 *J2*

3 LAGO DI LEDRO

14 km westlich von Riva/20 Min. über die SS 240

Ist es unten voll und heiß? Auf der Hochebene des Ledrotals *(valledile dro.com)* und am gleichnamigen Badesee ist es ein paar Grad kühler!

Schön festhalten das Handy beim Selfie auf dem Weg zum Varone-Wasserfall

Für die Kernigen: Die Anfahrt mit dem Mountainbike über den spektakulären Panoramaweg *Sentiero Ponale* ist zwar steil, aber der herrliche Blick auf den See ist die Mühe wert. Im Pfahlbaumuseum 📷 *Museo delle Palafitte (März–Juni und Sept.–Nov. tgl. 9–17, Juli/Aug. 10–18 Uhr | Via al Lago 1 | palafitteledro.it)* in Molina di Ledro bestaunen (nicht nur) Kinder, was Archäologen aus dem torfigen Uferschlamm ausgebuddelt haben – Essensreste inklusive! In der *Baita Santa Lucia da Fritz (Mo geschl. | Via Santa Lucia 36 | Bezzecca | Tel. 04 64 59 12 90 |*

baitasluciadafritz.eatbu.com | €€) kannst du typische Trentiner Gerichte wie Gerstensuppe oder Knödel mit Hirschragout probieren. 🗺 *H2*

TORBOLE

(🗺 *J2*) **Im Sommer haben Mountainbiker und Surfer das 900-Ew.-Dorf Torbole (Betonung auf dem ersten o) fest in der Hand. Das spiegelt sich auch im Nachtleben wider: Hier wird gefeiert!**

Wo einst nur ein paar bunte Fischerhäuser zwischen dem See und den Felsen standen, ragen heute Hotels in allen Preisklassen zwischen den Olivenbäumen empor. Der historische Ortskern ist überschaubar. Im Winter sieht das Dorf ganz anders aus: Viele Restaurants und Hotels haben zu, die Straßen sind wie leer gefegt.

SIGHTSEEING

CASA DEL DAZIO

Das schmale, hellgelbe Haus aus dem 18. Jh. im kleinen Hafen war einst ein Zollhaus: Bis zum Ende des Ersten Weltkriegs verlief hier die Grenze zwischen Österreich und Italien. Leider kann man es nur von außen anschauen. *Via Benaco 26*

SANT'ANDREA

Auf dem steilen Weg hinauf wirst du fluchen, aber beim anschließenden Blick auf den See wirst du alles vergessen. Die einst schlichte Kirche aus dem 12. Jh. wurde im Barock neu errichtet. Für das realistische Altargemälde haben wohl Ortsansässige Modell gestanden. *Via della Chiesa 3*

ESSEN & TRINKEN

BAR ALLA SEGA 🚩

Mehr Panorama geht nicht! Wer hier auf der Terrasse hinter der Glasscheibe sein *panino* isst, kann schon im März den Pulli ausziehen und den Blick auf den See und die Berge genießen. *März–Okt. tgl. 8.30–24 Uhr | Via Passseggiata dell'Ora 1 | €*

CASA BEUST

In diesem Restaurant am See essen Touristen und Torbolani Seite an Seite. Die *sapori di lago,* eine gemischte Vorspeise mit Gardaseefischen und Polentascheiben, sind ein Klassiker, den du so bald nicht vergessen wirst. *Tgl. | Via Benaco 15 | Tel. 04 64 50 63 25 | Facebook | €–€€*

INSIDER-TIPP
Das ganz besondere Antipasto

AQUA

Setz dich an einen der Tische und genieß den Blick Richtung See, der sich hier gen Süden weitet. Auf der Karte stehen Klassiker der Gardaseeküche und ausgefallene Kreationen, kombiniert in einem Degustationsmenü oder à la carte. *Do geschl. | Via Lungolago Conca d'Oro 11 | Tel. 04 64 50 51 42 | aquaristorante.com | €€*

SPORT & SPASS

Der Nordwind *pelèr,* der Südwind *ora* und drei weitere Winde bestimmen das Leben der Surfer in Torbole. Die Auswahl an Surfschulen und Verleihern ist groß, etwa *Surf-Segnana (Foci del Sarca | surfsegnana.it)* oder *Vasco Renna Surf (vascorenna.com).* Letztere bietet auch  Kurse mit Ausrüstung für Kinder an.

Im Sportpark  *Busatte Parco Avventura (stark gestaffelte Zeiten s. Website, Mitte Juni–Mitte Sept. tgl. 10–19 Uhr | busatteadventure.it)* hoch über Torbole kannst du zwischen Bäumen im Hochseilgarten klettern und auf 15 m Höhe mit einer Zipline fliegen (Mindestgröße für die Zipline: 1,45 m, für den Hochseilgarten 1,25 m). Ein paar Meter weiter beginnt der *Panoramaweg* von Busatte nach Tempesta mit Eisenleitern und Treppen am Fels. Schwindelfrei solltest du dafür allerdings sein. Zurück geht es mit dem Linienbus.

STRÄNDE

In der Nähe des Ortskerns beginnt ein langer Kiesstrand, der sich bis zum Monte Brione zieht. Bei der *Spiaggia al Cor* nur fünf Minuten vom Zentrum können Kinder sich auf dem nahen  Spielplatz austoben. Wer es auch am See gern schick hat, sonnt sich direkt unterm Hang des Monte Brione auf dem Kiesstrand  *Baia Azzurra* vor dem gleichnamigen Hotel *(baia.it)* und geht dann auf den Sofas der Hotelbar einen Aperol Spritz trinken.

WELLNESS

Im Wellnesszentrum *Garda Thermae (stark gestaffelte Zeiten und Preise s. Website | Via Linfano 52 | gardather mae.it)* sprudelt Thermalwasser. Zur Anlage gehören zwei Schwimmbe-

Mediterranes Ambiente, alpine Umgebung: Surfermekka Torbole

cken, Saunen, Kosmetikbehandlungen und ein Fitnessraum.

AUSGEHEN & FEIERN

Gleich nach Sonnenuntergang trifft sich die Szene zum Barhopping. Schnapp dir zunächst einen bunten Sitzsack an der Lounge Bar des Hotels Aurora *(Via Matteotti 55)*. Weiter geht es an der *Wind's Bar (Via Matteotti 9)*. Bis spät in der Nacht kannst du hier Coktails und Longdrinks direkt an der Straße trinken. Lieber ein Glas Wein in ruhiger Atmosphäre? Dann lass dich in der *Vineria Refòl (Piazza Alpini 8)* von den jungen Besitzern beraten – Oliven und Chips kommen kostenlos dazu.

RUND UM TORBOLE

4 NAGO

2 km nordöstlich von Torbole/5 Min. mit dem Bus der Linie 3

Eine steile, im Sommer stark befahrene Straße führt von Torbole hoch nach Nago. Wer dem Verkehr entgehen will, wandert durch das Santa-Lucia-Tal, vorbei an Kletterfelsen, Steinterrassen und Olivenbäumen. Startpunkt des Wegs, den schon die Römer nutzten, ist die Via di Santa Lucia. Dort geht es beim Hotel Santa Lucia in etwa einer Stunde bergauf nach Nago. Fotofans sollten aber eher anderthalb Stunden einplanen, denn

INSIDER-TIPP
Hier wird die Speicherkarte ausgereizt

unterwegs öffnen sich immer wieder sagenhafte Blicke auf den See. 1439 nutzten ihn die Venezianer, um sechs Galeeren und 25 Boote, in Einzelteile zerlegt, nach Torbole zu transportieren und die Stadt Brescia im Kampf gegen Mailand zu unterstützen.

In Nago angekommen, kannst du weiter zur Ruine von *Castello Penede* wandern. Die Burg wurde um 1700 von französischen Truppen zerstört. Von der Festung Nago führt ein Panoramaweg zu den Ruinen. ▢ *J2*

5 MONTE BRIONE

2,5 km nordwestlich von Torbole/45 Min. über den Wanderweg

Der mächtige, 376 m hohe Kalkriegel trennt Torbole und Riva. Wanderwege mit grandiosen Ausblicken führen hinauf. Bis 1919 gehörte das Trentino zu Österreich, der Monte Brione befand sich somit an der Grenze zwischen zwei Staaten. Daher ließen die Österreicher ab 1860 hier Festungen bauen, die auch später während des Ersten Weltkriegs genutzt wurden. Der merkwürdigste Aussichtsplatz über den Gardasee ist dort oben: das Dach eines der Bunker, die die Österreicher bauten. ▢ *J2*

INSIDER-TIPP
Kuriose Aussichtsplattform

6 MARMITTE DEI GIGANTI

30 Min. nördlich von Torbole über einen Wanderweg

Die Marmitte dei Giganti, in der Eiszeit entstandene Gletschertöpfe, sind beeindruckende Felsformationen – der italienische Name „Riesenkochtöpfe" ist durchaus passend. Schmelz-

Wer gern mal die Wände hochläuft: Arcos legendäre Colodri-Wand wartet

wasser wirbelte hier mit hoher Geschwindigkeit, Sand und Kies wuschen dabei große Hohlräume aus den Felsen. Sie sind auf einem etwa 30-minütigen Wanderweg zu erreichen (hinter dem Hotel Vela entlang der Via Strada Granda). Die teilweise stark überhängenden Felsen sind attraktiv für Kletterer. *J2*

7 ARCO

6 km nördlich von Torbole/20 Min. über den Radweg entlang der Sarca

Gäste suchen in Arco vor allem eines: Urlaub on the Rocks. Die kleine Stadt (18 000 Ew.) kennt jeder Kletterer. Nördlich des Zentrums hängen Sportler an der 300 m hohen Colodri-Wand, unter ihnen erklimmen Touristen den Klettersteig. Bergführer bieten Touren, Canyoning- und Kletterkurse an. Die Bergschule *Mmove (Via Legionari Cecoslo-*

vacchi 14 | Tel. 33 42 19 38 62 | mmove. net) veranstaltet mehrmals wöchentlich ein zweistündiges 👪 Kinderklettern. Am besten startest du den Tag mit einem Cappuccino. Kletterer treffen sich im Palazzo Marchetti im *Ai Conti (Mi geschl. | Piazza Prospero Marchetti 3 | aicontiarco.it),* Mountainbiker im *Caffè Trentino (Piazza III Novembre 10 | caffetrentino.com).* Dann schlenderst du auf der autofreien Via Segantini mit vielen Sportgeschäften, Bars und Eisdielen – besonders lecker schmeckt es bei *Tarifa (Via Segantini 51)* und *Gelato Mio (Via Segantini 2)* hat cremige vegane Eissorten. Auf der parallel verlaufenden Via Ferrera ist es ruhiger. Hier sitzt Antonio in seinem Laden *La Primula (Via Ferrera 1)* und verarbeitet Leder zu Taschen, Portemonnaies, Gürteln, Schuhen. Er macht alles von Hand, deswegen sind die Produkte etwas teurer – dafür halten sie auch ein Leben lang.

Weiter geht es durch herrliche Olivenhaine hinauf zum ★ *Castello di Arco (April–Sept. tgl. 10–19, März und Okt. 10–17, Nov.–Feb. 10–16 Uhr).* ☛ Bis zum Turnierplatz mit der grandiosen Aussicht ist der Eintritt kostenlos. Auf dem Rückweg kannst du einen Stopp im *Parco Arciducale (April–Sept. tgl. 9–19, Okt.–März 9–16 Uhr)* einlegen. Der habsburgische Erzherzog ließ den Garten mit über 150 Pflanzen aus der ganzen Welt ab 1872 errichten.

Auf dem Weg zurück ins Zentrum kommst du am ehemaligen Casino vorbei, in dem einst auch Kaiserin Sissi getanzt haben soll. Ganz in der Nähe kannst du im *Chiosco dei Giardini (Via Marconi 5)* unter schattigen Bäumen sitzen und einen Aperitif genießen. ☛ Oliven, Chips und kleine (Käse-)Häppchen gibt es kostenlos dazu. Etwas außerhalb des Zentrums auf dem Weg nach Riva verkauft Chiara in *La Sfuseria (Via Santa Caterina 4l)* unverpackte Lebensmittel. Ihre *sfusette*, eine Art nachhaltige Kochboxen, beinhalten alle Zutaten für verschiedene Gerichte, Rezepte inklusive. Wer gern fleischlos isst, geht ins Restaurant *Bio Essere (So geschl. | Via Santa Caterina 49 | Tel. 04 64 51 65 97 | Facebook | €€).* Toll sind auch die Fahrradwege an der Sarca entlang. In etwa 20 Minuten erreichst du im Süden Torbole, wenn du nach Norden radelst, bist du in 20 Minuten in Dro. Und wenn du unterwegs plötzlich hungrig wirst: Bei der Ortschaft *La Moletta* direkt am Radweg nach Dro betreiben die Brüder Baroni den Kiosk *Per Matteo (tgl. 11–21.30*

Uhr | Facebook | €).

INSIDER-TIPP
Ein Sandwich, wie's die Locals lieben

Einheimische lassen sich ihr Brot hier mit *carne salada* und geschmorten Zwiebeln belegen. 🗺 *J2*

8 MAROCCHE DI DRO

15 km nördlich von Torbole/1 Std. auf dem Radweg an der Sarca

Eine schöne Radtour führt von Torbole in die spektakuläre, in der Eiszeit entstandene Steinwüste in der Nähe der Ortschaft Dro. Auf einigen Gesteinsbrocken sind sogar Dinosaurierspuren zu erkennen. Zwischen Dro und Pietramurata klettern Kinder und Erwachsene im 👁 *Elias Adventure Park (Juni–Sept. tgl. 10–18.30 Uhr | Ortsteil Gaggiolo 2 | eliasadventurepark.com)* auf Felsen und in Hochseilgärten. Mutige testen auch die 200 m lange Zipline quer über den Park und die Sarca. 🗺 *K1*

MALCESINE

(🗺 J4) **Willkommen in einer der romantischsten Städte am Lago. Enge Gassen mit Kopfsteinpflaster führen zum alten Hafen, Einwohner und Touristen trinken in den Abendstunden einen *aperitivo* auf den vielen Piazze oder schlendern am Hafen entlang.**

Das 3700 Ew.-Städtchen ist einer der beliebtesten Ferienorte am See – und dennoch ist die Atmosphäre im Ortskern entspannt. Über der mittelalterlichen Altstadt thront die Scaligerburg, Malcesines Wahrzeichen. Malcesine

Gassen mit Katzenkopfpflaster und eine Bilderbuchburg: das beliebte Malcesine

ist auch der ideale Ausgangspunkt für Ausflüge auf den Monte Baldo, ob zu Fuß oder mit der Seilbahn. In Malcesines Ortsteilen, von Navene bis Cassone, verkehrt täglich bis spätabends ein ✆ *Shuttlebus (visitmalcesine.com)* im Pendelverkehr; eine Fahrt kostet nur 1,20 Euro. Vor allem an Markttagen unbedingt empfehlenswert!

SIGHTSEEING

PALAZZO DEI CAPITANI DEL LAGO
Zu viel Trubel in der Altstadt? Dann bist du in diesem Palast am Hafen genau richtig. Die Scaliger hatten ihn im 13. Jh. erbaut, die unverwechselbaren Zinnen verpassten ihm die Venezianer. Heute dient er als Rathaus von Malcesine, hin und wieder finden den Ausstellungen statt. Im Innenhof direkt am See kannst du unter Palmen

INSIDER-TIPP
Mal kurz dem Trubel entfliehen

Energie tanken und das Gelärme und Geschiebe für eine Weile hinter dir lassen. *Via Capitanato 2/4*

CASTELLO SCALIGERO ⭐ 🚩
Den Besuch von Malcesines Scaligerburg sollte sich allein wegen des wunderbaren Ausblicks niemand entgehen lassen. Schon Goethe hatte die Burg gezeichnet, was ihm fast eine Verhaftung eingebracht hätte, weil er für einen habsburgischen Spion gehalten wurde. Kopien seiner Gardasee-Zeichnungen hängen heute im *Burgmuseum* im – Überraschung! – Goethe-Raum. *Mai–Sept. tgl. 9.30–19.30 Uhr, Okt.–April wechselnde Öffnungszeiten*

ESSEN & TRINKEN

VIDOC
Mal Pause von der Gardaseeküche? Dann probier hier doch *tigelle* (runde

Brotfladen) und *gnocco fritto,* eine Art salziger Krapfen. Diese Spezialitäten aus der Region Emilia-Romagna werden mit verschiedenem Aufschnitt und Käse serviert. *Mi geschl.* | *Via Dosso 3* | *Tel. 04 56 57 00 60* | *Facebook* | *€€*

SPECKSTUBE
Bodenständig und familienfreundlich: Die urige Speckstube mit Biergarten und Selbstbedienung ist auch bei den Einheimischen sehr beliebt und ein Kontrastprogramm zu den typisch italienischen Restaurants. Die Kinder können sich auf dem 👥 Spielplatz austoben. *April–Okt. tgl.* | *Via Navene Vecchia 139* | *Tel. 34 06 30 71 82* | *speckstube.com* | *€*

AGRITURISMO SAN MICHELE CA' DEL TOCIO
Unweit der Mittelstation der Monte-Baldo-Seilbahn lohnt sich ein Abste-

cher hierher wegen des Seeblicks und leckerer *primi,* etwa Trüffeltagliatelle oder Risotto mit Gorgonzola. *Stark wechselnde Öffnungstage und -zeiten* | *Via San Michele 31* | *Tel. 34 42 67 76 74* | *Facebook* | *€*

SHOPPEN

MARKT
Jeden Samstagvormittag ist Markt auf dem Platz beim Municipio.

CONSORZIO OLIVICOLTORI
550 Kleinbauern liefern in dieser Ölkooperative ihre Oliven ab, die Produkte daraus gibt es im *Laden (Via Navene 21).* Wer sich bis Donnerstagmittag anmeldet, bekommt freitags um 11 Uhr eine *Führung* inklusive Ölverkostung durch die Ölmühle *(März*

INSIDER-TIPP
Schauen, wie Olivenöl entsteht

Darfs ein bisschen Adrenalin sein? Dann buch dir einen Tandemflug vom Monte Baldo!

–Anfang Okt. | Via Panoramica 232 | Tel. 04 56 57 04 19). oliomalcesine.it

SPORT & SPASS

Einen Mountainbikeverleih gibts an der Talstation der Seilbahn: *Xtreme (Via Navene Vecchia 10 | Tel. 04 57 40 01 05 | xtrememalcesine.com)*. Der Startplatz der Paraglider liegt unterhalb der Bergstation (Infos: *Paragliding Malcesine | Via Gardesana 228 | Tel. 33 56 11 29 02 | paraglidingmalcesine.it*). Tandemflüge kannst du bei der Flugschule *Fly 2 Fun (Tel. 33 49 46 97 57 | tandemparagliding.eu)* buchen.

STRÄNDE

Bis ins 5 km nördlich gelegene Navene geht ein Fuß- und Radweg, so kann man die Strände gut erreichen. Nur 100 m vom Ortskern ist der beliebte

Kiesstrand ⚲ *Spiaggia Paina*. Unterhalb der Burg gibt es die winzige Badebucht Posterna, eine Liegewiese beim Strand südlich der Promenade.

AUSGEHEN & FEIERN

In Malcesines Altstadtgassen geht es im Sommer bis Mitternacht lebhaft zu.

BAR OASI

Bis 2 Uhr nachts einen von 100 Cocktails mit Seeblick genießen. Bei Einheimischen sehr beliebt. *Tgl. 9–2 Uhr | Via Lungolago 1 | bar-oasi.it*

OSTERIA SANTO CIELO

Eine kleine Osteria, die leckere Bruschette und Käseplatten serviert. Toll ist die Weinkarte. Besitzerin Hella ist Niederländerin – sie kam der Liebe wegen nach Italien und ist der Küche wegen geblieben. *Tgl. 10.30–2 Uhr | Piazza Turazza 11 | Facebook*

RUND UM MALCESINE

🔵 FUNIVIA MALCESINE–MONTE BALDO ⭐ 🚩

Die Monte-Baldo-Seilbahn überwindet über die Mittelstation San Michele bis zur Bergstation 1700 Höhenmeter und bietet mit ihren rundum verglasten, sich um die eigene Achse drehenden Kabinen ein einzigartiges Panorama. Entsprechend beliebt ist die Seilbahn, du musst mit zum Teil langen Wartezeiten rechnen! Wenn du dem

Panorama allüberall: schöne Aussichten für Monte-Baldo-Ausflügler schon aus der Funivia

entgehen willst, stellst du entweder den Wecker, um eine der ersten Gondeln zu nehmen, oder du buchst online ein Fast Ticket – damit hast du direkten Zugang zur Abfahrtszone. Zu bestimmten Uhrzeiten werden bis zur Mittelstation auch Mountainbikes transportiert.

INSIDER-TIPP
Arrivederci, Schlange!

Oben gibt es Panoramawege in allen Schwierigkeitsgraden – egal ob du zu Fuß oder mit dem Mountainbike unterwegs bist. Die Wanderung auf den Monte Altissimo zum *Rifugio Altissimo Damiano Chiesa (Tel. 04 64 86 71 30 | rifugioaltissimoda.wixsite.com/home page | €)* dauert zwar um die vier Stun-

den, aber wenn du dann vom Gipfel auf den See blickst, vergisst du die Mühen. Hüttenwirtin Eleonora Orlandi serviert lokale Spezialitäten. Wer ungern allein wandert, kann bei *Elalpaca (Azienda Agricola Elalpaca | Tel. 33 31 62 35 71 | elalpaca.it)* bis spätestens 18 Uhr am Vorabend eine Tour mit einem ungewöhnlichen Begleiter buchen: Mit Alpakas an der Leine und einem Guide kann man jeden Tag um 9 und um 14.30 Uhr loswandern. Nicht nur für Kinder ist das ein großer Spaß – vor allem beim „Minitrekking" am Nachmittag.

INSIDER-TIPP
Flauschige Begleiter

Nahe der Bergstation steht die *Baita dei Forti (tgl. | Tel. 04 57 40 03 19 | bai tadeiforti.com | €–€€)*. Serviert wird hier das *trittico Baldo* – ein „Triptychon" aus scharfem Hirschgulasch, Pilzen und gegrilltem Käse. Du kannst hier auch in einem der sechs Zimmer übernachten.

Bergfahrten tgl. 9 bis – je nach Saison – 16/17/18, Talfahrten 9.15–16.45/17.45/ 18.45 Uhr | funiviedelbaldo.it | 🗺 J4

🔟 EREMO SANTI BENIGNO E CARO

2 Std. südlich von Malcesine auf dem Wanderweg von der Mittelstation der Seilbahn

Die Eremitage der beiden Einsiedler Benigno und Caro liegt bei Cassone. Sie ist in einer zweistündigen Wanderung von der Mittelstation der Seilbahn von Malcesine zu erreichen, der Weg ist gut ausgeschildert. Die Kirche ist nur wenige Tage im Jahr geöffnet. Prozessionen von Malcesine finden am 12. April, am 27. Juli, am 16. August und am dritten Oktobersonntag statt. 🗺 J4

🔟🔟 BRENZONE & CASSONE

10 km bis Castelletto südlich von Malcesine/15 Min. über die Gardesana Orientale

Fährt man Richtung Süden am See entlang, kommt man nach wenigen Kilometern nach *Cassone* und weiter nach *Brenzone,* einem Zusammenschluss einiger Dörfer zwischen Malcesine und Torri del Benaco. Im malerischen Cassone entspringt der Fluss Aril. Er misst nur sagenhafte 175 m und mündet dann in den See. Einhei-mische schwören, er sei der kürzeste Fluss der Welt. (Spoiler: Stimmt nicht. Ein Besuch lohnt sich trotzdem!) Am kleinen Hafen zeigt das kostenlose Fischereimuseum 🐟 *Museo del Lago (Di–So, im Winter nur So 10–12 und 15–18 Uhr)* allerlei traditionelle Fischfanggerätschaften.

Die zahlreichen Dörfer, aus denen Brenzone besteht, liegen verstreut am Fuß des Monte Baldo. Das schätzen Biker und Wanderer, denn an den Hängen gibt es viele Wanderwege und Downhill-Trails. Das mittelalterliche Dorf *Campo* liegt fast verlassen auf 230 m inmitten jahrhundertealter Olivenhaine. Du erreichst es aus Castelletto di Brenzone auf einem steilen Wanderweg. Fließendes Wasser gibt es hier in den Häusern nicht, dafür bietet Signora Olga, wenn sie zu Hause ist, Wanderern einen Espresso oder Schnaps an – einfach die Dorfbewohner nach Olga fragen!

INSIDER-TIPP Grappa statt Acqua

Gönn dir nach der Wanderung ein Abendessen in der *Osteria al Pescatore (Mo und mittags geschl. | Via Imbarcadero 31 | Tel. 04 57 43 07 02 | osteria alpescatore.it | €€)* in Castelletto di Brenzone (bitte reservieren!). Nach der Karte brauchst du hier nicht zu fragen: Es gibt keine. Mamma Rosaria und Tochter Sara kochen ein fünfgängiges Menü mit dem, was am Morgen im See gefangen wurde. Besitzer Lino unterhält – auch in gebrochenem Deutsch – den Saal via Mikrofon mit Geschichten von früher. 🗺 H–J 4–5

INSIDER-TIPP Seemannsgarn beim Abendessen

OSTUFER

ALTSTADTGASSEN UND VERGNÜGUNGSPARKS

Olivenriviera nennt sich das Ostufer: So weit das Auge reicht, schimmern die silbrigen Blätter der Olivenbäume in der Sonne. Ob Hobbygärtner oder Olivenbauer: Erntezeit ist im Spätherbst, dann helfen von Groß bis Klein alle mit, wenn die je nach Reifestadium grünen oder schwarzen Früchte mit Stöcken und speziellen Schüttelgeräten von den Bäumen gerüttelt und von Hand aufgesammelt werden. Wer keine Olivenbäume hat, hat vielleicht ein paar Weinreben, zumindest weiter im Süden.

Wer mit dem Schiff kommt, fährt direkt auf das Scaligerkastell zu: Torri del Benaco

Die Ostküste lässt sich ganz bequem über die Uferstraße Gardesana Orientale entdecken. Die Straße direkt am See verbindet Torbole im Norden über Torri del Benaco, das sich um den alten Hafen gruppiert, und das geschäftige Garda mit Bardolino, dem größten Ort am Ostufer, und mit dem kleinen, mittelalterlichen Lazise. Eine reizvolle Tour mit viel Kultur, ein paar Scaligerburgen und tollen venezianischen Palazzi. Allerdings solltest du viel Zeit und Geduld mitbringen: In der Hauptsaison ist die Gardesana sehr stark befahren.

OSTUFER

Muslone
Gargnano
Castelletto
Navazzo
Pai di Sotto
Carpeneda
Grotta Tanella 2
Vobarno
Collio
Maderno
Toscolano-
Lago
Roè
San Zeno di Montagna 6
Volciano
Gardone Riviera
Tormini
Salò
Torri del Benaco •----- **1** Albisano
S.64
Soprazocco
Castion Veronese
San Felice del Benaco
4 Felsgravuren
Baia delle Sirene
Cimitero Militare Tedesco **5**
Muscoline
Punta San Vigilio ★ **3**
Spiaggia del Corno
Garda S.66
Puegnago sul Garda
9 Eremo San Giorgio
Polpenazze del Garda
Solarolo
Bardolino S.71
Soiano del Lago
Moniga del Garda
Piazza Giacomo Matteotti ★
Cisano
Padenghe sul Garda
di Garda
10 Museo dell'Olio di Oliva
Sirmione
Lazise S.76
Colombare
60 Min.
7 Std. 10 Min.
Colà
Desenzano del Garda
Lugana
Pacengo
Lonato del Garda
San Benedetto di Lugana
Castelnuovo del Garda
Esenta
11 Peschiera del Garda
LOMBARDIA
Broglie
Ponti sul Mincio
Salionze
Castiglione delle Stiviere
Pozzolengo
Monzambano
Solferino
Castellaro Lagusello
Valeggio sul Mincio
Cavriana
Valeggio & Borghetto sul Mincio 12

5 km
3.11 mi

8 Orto Botanico del Monte Baldo ★

7 Madonna della Corona ★

MARCO POLO HIGHLIGHTS

★ **PIAZZA GIACOMO MATTEOTTI IN BARDOLINO**
Abends tobt das Leben auf der Piazza am See ➤ S. 71

★ **ORTO BOTANICO DEL MONTE BALDO**
Auf 1200 m wächst eine außergewöhnliche Pflanzenwelt mit vielen Raritäten ➤ S. 70

★ **MADONNA DELLA CORONA**
Die 774 m hoch gelegene Wallfahrtskirche ist ein spektakulärer Ort der Ruhe – nicht nur für Gläubige ➤ S. 70

★ **PUNTA SAN VIGILIO**
Eine der schönsten Ecken am See mit exklusivem Badestrand und Nobelrestaurant ➤ S. 69

★ **ARENA DI VERONA**
Im gut erhaltenen römischen Amphitheater finden monumentale Opernaufführungen und Rockkonzerte statt ➤ S. 82

15 km, 20 Min.

13 Gartencenter Flover in Bussolengo

35 km, 60 Min.

14 Verona

Arena di Verona ★

15 Min.

TORRI DEL BENACO

(□ H6) **In Torri del Benaco (3000 Ew.) kommt man am schönsten per Schiff an – und das machen auch viele, da die Fähre von Maderno nach Torri ein wirklich praktisches Verkehrsmittel ist, wenn man den See nicht halb umrunden möchte, um einen Ausflug ans gegenüberliegende Ufer zu machen.**

Von der Seeseite aus erkennt man am besten, wie dominant das ⚑ Scaligerkastell über dem Ort thront. 1383 hatte der Scaligerherrscher Antonio della Scala die aus dem 9. Jh. stammende Festung ausbauen lassen. Im 20. Jh. wurde bei Renovierungsarbeiten eine rosafarbene Marmorplatte gefunden, auf der in Reliefform eine Leiter mit fünf Sprossen – „Scala", das Wappen der Scaliger – dargestellt ist. Der Wappenstein ist im Museum ausgestellt. Heute ist die Burg ein Geheimtipp unter Brautpaaren, denn hier kann man sich standesamtlich trauen lassen. Besonders romantisch ist es im Turm mit Blick auf den See oder in der Limonaia (Infos zum Thema Heiraten: *torri-del-benaco.net*).

Torri ist einer der ruhigeren Orte am Ostufer, nicht so überlaufen wie die Nachbarorte Garda oder Bardolino. Der hübsche Hafen am See ragt weit in den Ort hinein, im ovalen Hafenbecken schaukeln kleine Fischerboote. Die Landschaft im Rücken von Torri ist nicht mehr so steil, der Monte Baldo ist hier etwas vom See zurückgesetzt.

MUSEO DEL CASTELLO SCALIGERO

Im Volkskundemuseum in den Räumen des Scaligerkastells erfährt man viel über das Leben der Gardaseebewohner vor Beginn des Tourismus, als Fischfang und Olivenanbau noch die Haupteinnahmequellen waren. Interessant sind auch die Säle über Bootsbau und Felszeichnungen in der Umgebung. Außerdem kann man einen Blick in ein Zitronengewächshaus von 1760 werfen. Es ist das einzige am Ostufer, das noch betrieben wird. *Mitte Juni–Mitte Sept. tgl. 9.30–13 und 16.30–19.30, April–Mitte Juni und Mitte Sept.–Okt. 9.30–12.30 und außer Mo 14.30–18 Uhr | Viale Fratelli Lavanda 2 | museodelcastelloditorridelbenaco.it*

SANTISSIMA TRINITÀ

Das Kirchlein am Hafen stammt aus dem 14. Jh. und beherbergt Fresken aus der Schule von Giotto, *dem* Maler der Renaissance in Oberitalien.

SANTI PIETRO E PAOLO

Auffällig in der Barockkirche ist die Bronzestatue des 1988 seliggesprochenen Pfarrers Giuseppe Nascimbeni. Er gründete in Torri einen karitativen Schwesternorden. Ungewöhnlich für Italien ist die große Kirchenorgel von 1744, die noch gespielt wird.

ALLA GROTTA

Näher am See geht nicht: Beim Gegluckse auf der kleinen Terrasse über dem

Was so romantisch aussieht, ist ein harter Knochenjob: Olivenernte in einem Hain bei Torri

Wasser schmecken Fisch und Pizza gleich noch mal so gut! *Tgl. | Corso Dante Alighieri 61 | Tel. 34 77 60 60 00 | €€*

TRATTORIA LONCRINO
Nur 500 m vom Zentrum, im Ortsteil Loncrino, isst man hier in familiärem Ambiente einheimische Küche und genießt von der Terrasse den Blick auf den See. *Do geschl. | Via Pirandello 10 | Ortsteil Loncrino | Tel. 04 56 29 00 18 | Facebook | €–€€*

LE GEMME DI ARTEMISIA
Wolltest du schon immer mal wissen, wie man Tortellini füllt oder ein ein Risotto mit Trüffeln zubereitet? Dann solltest du bei Küchenchef Andrea Messini einen Kochkurs belegen. In Albisano führt er

INSIDER-TIPP
Vom Spitzenkoch lernen

Interessierte auch auf Englisch in die Geheimnisse seiner Kochkunst ein. Wer nur das Essen genießen möchte, reserviert mindestens 24 Stunden im Voraus einen der drei Tische im Restaurant. Für 100 Euro pro Person bekommt man ein Überraschungsmenü mit fünf Gängen. *Albisano | Via Corrubio 18 | Tel. 35 17 84 90 77 | legemme diartemisia.it | €€€*

SHOPPEN

MARKT
Jeden Montagvormittag ist Markt entlang der Uferstraße.

KUNSTHANDWERKERMARKT
Im Hochsommer baut jeden Samstag ein Kunsthandwerkermarkt seine Stände in der Altstadt auf.

SPORT & SPASS

Tra gli Olivi i Tesori di Torri del Benaco, „Zwischen den Olivenbäumen die Schätze von Torri", heißt ein Wanderweg zu neun kleinen Kirchen in der Umgebung.

STRÄNDE

Am südlichen Ortsausgang gibt es einen langen freien Strand. Dort stehen einige Weiden, sodass man nicht in der prallen Sonne liegen muss.

AUSGEHEN & FEIERN

Das Nachtleben in Torri ist beschaulich. Jung und Alt trifft sich in *Don Diego (Vicolo Fosse 7 | dondiegotorri.it)*, um bei Fingerfood eine Sangria zu trinken. Im Sommer finden im Neuen Theater Kinovorstellungen statt.

RUND UM TORRI DEL BENACO

🏛 ALBISANO

2 km östlich von Torri/45 Min. zu Fuß über den Wanderweg
Ein ausgeschilderter Wanderweg führt ziemlich steil hinauf in den Ort, der oberhalb von Torri am Bergrücken des Monte Baldo klebt. Der Ausblick von der Terrasse der Pfarrkirche hinab ins Tal entschädigt für die Mühe. *H6*

🏛 GROTTA TANELLA

6 km nördlich von Torri/10 Min. über die Gardesana Orientale
Die nördlich bei Pai di Sopra gelegene Tanellahöhle führt rund 400 m weit in die Hänge des Monte Baldo hinein und ist mit ihren Stalaktiten und Stalagmiten eine Alternative zum Strandprogramm. Die Tour wird von den Experten der Vereinigung *Biosphaera (Piazza San Marco | Tel. 34 07 66 11 16 | biosphaera.it)* begleitet. *H5*

GARDA

(H6) **Garda (4000 Ew.) zieht sich in der weiten Bucht zwischen der Punta San Vigilio und der Rocca entlang.**
Die hübsche Altstadt ist autofrei, am Ufer buhlt ein Café neben dem anderen um Gäste. Eng geht es in den Altstadtgassen zu, auf den Hauptachsen herrscht manchmal ziemliches Getümmel; biegt man aber einmal ab und geht ein paar Schritte weg von den Läden, entdeckt man noch ruhige Winkel. Abends sitzt man gemütlich in den Cafés am Lungolago Regina Adelaide. 768 hatte Karl der Große Garda zur Grafschaft erhoben; von da an wurde der See nach diesem Ort benannt und nicht mehr wie zuvor lateinisch Benacus. Neben seinem historischen Zentrum mit liebevoll restaurierten Palazzi lockt das Umland mit üppiger, mediterraner Vegetation. In den Hügeln ducken sich alte Klöster, Bauernhöfe und Herrenhäuser, die du auf Wanderungen entdecken kannst.

SIGHTSEEING

SANTA MARIA MAGGIORE

Die Pfarrkirche Gardas liegt außerhalb der ursprünglichen Stadtmauern. Vermutlich war der langobardische Vorgängerbau aus dem 8. Jh. die Burgkapelle, denn die Kirche liegt direkt unterhalb der Rocca. Sehenswert ist der schöne Kreuzgang aus dem 15. Jh. *Piazzale Roma*

ROCCA DI GARDA

Die Rocca di Garda ist ein Hügel, der markant rund 300 m über das östliche Seeufer ragt. Hinter der Pfarrkirche Santa Maria Maggiore führt ein Wanderweg auf die Burg. Von oben hat man einen tollen Blick auf Garda und die Punta San Vigilio. Auf der heute bewaldeten Anhöhe stand vor 1000 Jahren eine Festung, in der Königin Adelheid von Burgund gefangen war. Von der Burg sind nur noch ein paar Steine übrig, dafür stehen Kinder Schlange, um sich auf 👥 Königin Adelheids Thron fotografieren zu lassen: dem Riesenstein, der wie ein Thron aussieht.

VILLA & PARCO ALBERTINI

Die gelb-rote Villa am nördlichen Ortseingang mit ihren markanten Zinnentürmen ist nicht zu übersehen. Der Park mit Turm und See kann besichtigt werden, die Villa selbst nicht. *Di–So 10 Uhr–Sonnenuntergang | Viale San Carlo 16 | parcodeglialbertini.it*

ESSEN & TRINKEN

REGIO PATIO

Bereite dich auf ein kulinarisches Erlebnis vor. Das Menü im Gourmetlo-

Am Ortseingang von Garda steht die Villa Albertini mit ihren markanten Zinnentürmen

kal des Hotels Regina Adelaide wechselt je nach Jahreszeit, im Keller lagern über 200 Weine. *Tgl. | Via San Francesco d'Assisi 23 | Tel. 04 57 25 59 77 | regina-adelaide.it | €€€*

OSTERIA AL VICOLO

Lust auf ein unprätentiöses, aber leckeres Abendessen? Diese Altstadt-Osteria serviert Gardasee-Klassiker wie hausgemachte *bigoli con le sarde* oder *con il luccio* (mit Hecht!) zu sehr fairen Preisen. *Tgl. | Via XX Settembre 23 | Tel. 35 15 50 16 01 | Facebook | €*

LOCANDA PERBELLINI AI BEATI

Traumhafte Location oben am Berg und exklusives Essen zu gehobenen Preisen. Wer einen tollen Abend in außergewöhnlichem Ambiente verbringen möchte, wird hier bestimmt glücklich. *Mi-Mittag und Di geschl. | Via Val Mora 57 | Tel. 04 56 57 31 14 | locandaperbelliniallago.it | €€€*

SHOPPEN

MARKT

Jeden Freitagvormittag ist Markt entlang des *Lungolago Regina Adelaide.*

COOPERATIVA FRA PESCATORI ⚑

In der Fischerkooperative gibt es frischen Seefisch. *Tgl. 6.30–12.30 Uhr | Via San Bernardo 79 | coopgarda.it*

LA BOTTEGA DELLA PASTA

Was für Italiener ganz normal ist, ist für viele Touristen eine kleine Attraktion: ein Laden, in dem es frische, hausgemachte Pasta gibt. Zu den Spezialitäten des Geschäfts im 4 km östlich gelegenen Costermano gehören die jahreszeitlich unterschiedlich gefüllten Tortellini und *tortelli.* Costermano | Via San Giuseppe Artigiano 2b | bottegadellapasta.com

INSIDER-TIPP
Tortellini nach Saison

Eine Nacht in der Locanda San Vigilio: Gönn dir! Zu teuer? Na, dann ein Cappuccino ...

SPORT & SPASS

Beim 2 km nördlich gelegenen Marciaga gibt es zwischen Wein- und Olivenhügeln einen 18-Loch-Golfplatz und ein großes Klettergebiet mit vielen leichten Routen bis 6a. Im 👥 🌴 *Gardacqua (tgl. 10–20 Uhr | Via Cirillo Salaorni 10 | gardacqua.org)* kannst du dich in Innen- und Außenbecken mit Wasserspielen und -rutschen austoben.

STRÄNDE

Zwischen Garda und Punta San Vigilio erstreckt sich der lange, schmale Kiesstrand 🏊 *Spiaggia del Corno*. Der Eintritt ist frei, aber es gibt kaum Parkplätze.

AUSGEHEN & FEIERN

Das Nachtleben in Garda findet in den Sommermonaten direkt am See statt.

Im *Lido Garda Beach Café (tgl. 9–3 Uhr | Lungolago Pincherle 1 | Facebook)* kannst du tagsüber ein *panino* essen, abends legen verschiedene DJs mehrmals die Woche auf. Das *La Motta New (tgl. 9.30–22 Uhr | Lungolago Europa | Facebook)* bietet tagsüber Sonnenschirme und Liegen und abends Mojitos und Musik direkt am Strand.

RUND UM GARDA

❸ PUNTA SAN VIGILIO ★

3 km westlich von Garda/40 Min. auf dem Uferweg

Die Halbinsel liegt gleich westlich von Garda. Ein großer Olivenhain säumt die Bucht 🏊 👥 *Baia delle Sirene (parcosanvigilio.com);* dort kannst du baden zum Luxuspreis von 25 (!) Euro. 1540 errichtete der berühmte Festungsbaumeister Michele Sanmicheli auf der Landzunge die *Villa Guarienti-Brenzone*. Wer es sich leisten kann, nächtigt in der *Locanda San Vigilio (locanda-sanvigilio.it)*. Bei kleinerem Geldbeutel kann man hier zumindest einen Cappuccino oder Campari trinken. 🗺 *G6*

❹ FELSGRAVUREN

1¾ Std. nördlich von Garda über den Wanderweg

Hier wurde in den Fels geritzt, und das schon vor 3000 Jahren: Wahrscheinlich waren es Hirten, die sich einst an den Felsen des Monte Luppia in der Bucht von Garda künstlerisch verausgabten und Schiffe, Reiter, Krieger und Lanzen eingravierten. Von der Punta San Vigilio führt ein Weg unter Olivenbäumen, Hainbuchen und Eschen auf den Monte Luppia. *H6*

5 CIMITERO MILITARE TEDESCO

4 km östlich von Garda/knapp 10 Min. über die SP 8

Im Hinterland von Garda befindet sich der größte deutsche Soldatenfriedhof in Italien. Hier ruhen fast 22 000 Deutsche, die während des Zweiten Weltkriegs in Norditalien gefallen sind. Zu Kontroversen kam es, als bekannt wurde, dass auf dem Friedhof nicht nur Opfer, sondern auch Täter liegen. Auf einer Infotafel ist daher zu lesen: „Auf diesem Friedhof liegen auch die Gebeine von Personen, die für Kriegsverbrechen führend verantwortlich waren. Ihre Verbrechen sind uns eine ständige Mahnung." *H6*

6 SAN ZENO DI MONTAGNA

12 km nördlich von Garda/20 Min. über Costermano und Castion Veronese

Eine schöne Panoramastraße führt über Costermano zu diesem ruhigen Dörfchen auf knapp 560 m Höhe. Im Sommer tummeln sich dort Naturliebhaber, im Herbst vor allem Feinschmecker: Dann sind die Esskastanien reif und werden als Vorspeise, Beilage oder Dessert serviert. In der *Taverna Kus (Nov.–Feb. Mo–Mi geschl. | Ortsteil Castello 14 | Tel. 04 57 28 56 67 | ristoranteveronatavernakus.it | €€–€€€)* wird Küche auf höchstem Niveau zelebriert.

Im *Caseificio Baldo Garda (Via Zanetti 2 | Facebook)* musst du unbedingt den leckeren Ubriaco probieren, den „besoffenen" Käse, der rund 30 Tage im Trester des Edelrotweins Amarone reift. Im 🎭 *Jungle Adventure Park (Mai–Sept. tgl. 10–18 Uhr | Pineta Sperane | jungleadventure park.com)* oberhalb von San Zeno klettert man auf hölzernen Stegen durch die Baumwipfel. *H5*

INSIDER-TIPP **Käse mit Promille**

7 MADONNA DELLA CORONA ⭐

22 km nordöstlich von Garda/30 Min. über die SP 11 bis Brentino, von da zu Fuß über den Pilgerweg

Fotoalarm! Zu den spektakulärsten Orten am Gardasee gehört diese Wallfahrtsstätte in 774 m Höhe über dem Etschtal. Das Gotteshaus wurde im 15. Jh. direkt in den Felsen hineingebaut, der sich über dem Dorf Spiazzi erhebt. Wer gut zu Fuß ist, gelangt ab Brentino an der Ostseite des Monte Baldo in einer zweistündigen Wanderung über einen steilen Pilgerweg zum Santuario. *madonnadellacorona. it | J5*

8 ORTO BOTANICO DEL MONTE BALDO ⭐

30 km nordöstlich von Garda/50 Min. über die SP 8

An den Hängen des Monte Baldo wachsen über 600 Pflanzenarten, darunter etliche Raritäten. Daher bezeichnen ihn viele auch als den „Garten Europas". Auf gut 1200 m Höhe wurde bei Novezzina eine außergewöhnliche Pflanzenwelt zusammengetragen, darunter viele nur hier wachsende Arten. *Ca. 2 Wochen nach Schneeschmelze bis Wintereinbruch tgl. 9 Uhr–Sonnenuntergang | rifugionovezzina.com |* ⮧ *J5*

BARDOLINO

(⮧ H6) **Auch wer den Gardasee noch gar nicht kennt, hat den Namen Bardolino vielleicht schon gehört: So heißt auch der Wein, der auf den sanften Hügeln um den Ort angebaut wird.**

Bardolino liegt am südlichen Ostufer. Dieser Landstrich war schon zur Bronzezeit besiedelt. Die Römer gründeten eine Stadt, im Mittelalter war Bardolino eine freie Gemeinde, dann herrschten die Scaliger. Die Altstadt von Bardolino (7100 Ew.) ist größer als die der anderen Orte der Olivenriviera, breite Gassen kreuzen sich, die Geschäfte sind bis Mitternacht geöffnet. Doch der Trubel beschränkt sich auf die Sommermonate, bereits im September ist es ruhiger.

SIGHTSEEING

PIAZZA GIACOMO MATTEOTTI ★

Auf Bardolinos Hauptplatz brodelt das Leben. Er ist eher eine breite Straße, die von der neoklassizistischen Pfarrkirche San Nicolò zum Seeufer führt. Hier gibt es Bars, Eisdielen und Cafés. Einheimische und Urlauber spazieren abends auf und ab. Und auf und ab. Und noch einmal. *Fare le vasche* nennen die Italiener dieses Ritual, „Bahnen ziehen".

Von morgens früh bis in die Nacht ist hier was los: Uferpromenade am Hafen in Bardolino

Auf ergreifende Art schlicht: San Severo – da kann kein pompöser Prunk mithalten

VILLEN

Bardolino hat ein aristokratisches Gesicht. Ein Spaziergang vorbei an diesen herrschaftlichen Anwesen versetzt dich in ein vergangenes Jahrhundert. Mitten in der Altstadt befindet sich die *Villa Guerrieri Rizzardi*, die zur gleichnamigen Weinkellerei gehört. Die *Villa Carrara Bottagisio* beherbergt die Stadtbibliothek und lockt mit ihrem Park. Gleich daneben liegen die gelbe *Villa delle Magnolie* und die *Villa delle Rose* (beide privat).

SAN SEVERO

Die kleine Kirche an der Durchfahrtsstraße wurde nach dem Erdbeben von 1117 in romanischen Formen erneuert. Reste des rund 300 Jahre älteren Vorgängerbaus sind noch vorhanden. Besonders schön sind in dem harmonischen Bau die verblichenen, aber weitgehend erhaltenen Fresken aus dem 12. Jh., die einst die gesamten Innenflächen bedeckten.

MUSEO DEL VINO ☂

Gaetano Zeni betreibt im Weingut der Familie ein Museum, das die Weinproduktion erläutert. In der *Galleria Olfattiva* kannst du deine Sommeliernase auf die Probe stellen: Erkennst du die verschiedenen Aromen? Am Schluss des Rundgangs kann man die Weine natürlich auch probieren und kaufen. *Mo–Sa, April–Okt. tgl. 9–12.30 und 14.30–18.30 Uhr | Via Costabella 9 | museodelvino.it |* ⏱ *45 Min., mit Verkostung 1½ Std.*

ESSEN & TRINKEN

IL GIARDINO DELLE ESPERIDI

Ausschließlich von Frauen betrieben, bietet dieses Restaurant eine kleine Speisekarte – dafür mit außergewöhnlichen Gerichten, etwa dünn geschnittenes Stierfleisch, das mariniert und dann kurz angebraten wird, oder eine Nachspeise mit Tabakeis. Unbedingt reservieren! *Mi-Mittag und Di geschl. | Via Mameli 1 | Tel. 04 56 21 04 77 | €€€*

RISTORANTE PIZZERIA CATULLO

Sehr freundliches Personal serviert Pizza aus dem Holzofen oder traditionelle Pasta- und Fischgerichte in diesem Restaurant, das zum gleichnamigen Hotel gehört. Der Clou ist der Blick zum Hafen von den Außentischen. *Tgl. | Lungolago Francesco Lenotti 8 | Tel. 04 57 21 00 08 | ristorante catullo.it | €€*

LA VERANDA DEL COLOR

Hier kostet ein sechsgängiges Fischmenü stolze 110 Euro – aber wenn du

dir im Urlaub etwas gönnen möchtest, ist La Veranda die richtige Adresse. Es hat sogar einen Stern im Michelin! *Mittags geschl. | Via Santa Cristina 5 | Tel. 04 56 21 08 57 | ristorantelaveran dabardolino.it | €€€*

AL CARDELLINO

Familie Modena bereitet nicht nur das beste Fleisch für ihre Gäste zu, sondern produziert direkt unterhalb des Restaurants auch den Essig, der auf die Teller kommt. Im Garten ist ein Spielplatz für Kinder. *Di und außer So mittags geschl. | Ortsteil Cisano | Via Pralesi 16 | Tel. 04 56 22 90 48 | alcar dellino.it | €€–€€€*

VILLA CALICANTUS

Für diese Weinkellerei hat Winzer Daniele seinen Job als Bankangestellter

in Paris gekündigt. Nun keltert er mit seiner Frau in der Villa Calicantus Bioweine. Sie organisieren Führungen und Verkostungen mit selbst hergestellten, regionalen Produkten. *Calmasino di Bardolino | Via Concordia 13 | Tel. 34 03 66 67 40 | villacalicantus.it*

SHOPPEN

MARKT
Jeden Donnerstag ist von 8 bis 13.30 Uhr Markt an der Seepromenade. Er ist einer der größten am See.

CANTINE LENOTTI 🚩
Der Familienbetrieb keltert schon seit 1906. Unter der Bezeichnung „Decus" werden exzellente Weine aus den besten Traubensorten angeboten, es gibt aber auch Alltagsweine. *Via Santa Cristina 1 | lenotti.com*

SPORT & SPASS

Von Bardolino führt eine Uferpromenade im Norden bis nach Garda und südwärts bis Lazise. Insgesamt sind es 10 km, auf denen sich Jogger, Spaziergänger, Radler und Skater austoben. Unterwegs gibt es viele Badestrände. Am romantischsten badest du aber vom Boot aus, etwa auf einer historischen Ketsch, einem Fischerboot aus der Mitte des 19. Jhs. Noch mehr Segelromantik? Bei der Sunset-Cruise kannst du an Bord der „San Nicolò" ein Glas Prosecco trinken *(Tel. 04 56 20 94 28 | sannicolo1925.com)*. Ein abwechslungsreicher Spazier-

INSIDER-TIPP
Prosecco bei Sonnenuntergang

gang bringt dich in einer Stunde nach Garda. Am Ortsausgang verlässt der Weg kurz das Seeufer und führt etwas landeinwärts weiter. Orientier dich am roten Haus! Manche Hotels verleihen Fahrräder, sonst auch *Tita Sport (Via Marconi 44 | Tel. 04 56 21 08 69 | tita sport.it)*.

STRÄNDE

Nördlich und südlich der Altstadt ziehen sich Strände am Ufer entlang. Die dem Zentrum am nächsten gelegene Badegelegenheit ist die 🏖 *Punta Cornicello*. Der kleine, freie Kiesstrand nahe der Via Ugo Foscolo hat auch einen Kinderspielplatz.

WELLNESS

Im *Caesius Thermae & Spa Resort (Via Peschiera 3 | Tel. 04 57 21 91 00 | ho telcaesiusterme.com)* in Cisano kannst

Piazza Matteotti: Bardolinos Hauptplatz – und im Hochsommer auch Freiluft-Konzertsaal

du dich in die Kunst des Ayurveda einführen lassen.

AUSGEHEN & FEIERN

KONZERTE ♥

Im Hochsommer spielt das philharmonische Orchester Bardolino jeden Mittwoch um 21.30 Uhr kostenlos auf der Piazza Matteotti vor der Pfarrkirche San Nicolò klassische Musik.

BLANKA

Diese Loungebar ist bei jungen Einheimischen für ihre *aperitivi* sehr beliebt. *Di–Do 18–2 Uhr | Via Mameli 13 | blankabardolino.it*

LACUS BUBBLES & GIN

Wer an Bardolino denkt, denkt zunächst an Wein. Doch die Stadt hat auch einen eigenen Gin! Maicol und Maria haben ihn kreiert und Lacus getauft. Sie servieren ihn in dieser Bar, sowohl als Gin Tonic als auch in leckeren Cocktails. Wie wär's zum Beispiel mit einem Bloody Gaz mit Gin, Gazpacho, Zitrone, Salz und Tabasco? *Tgl. ab 18 Uhr | Via Palestro 42 | Facebook*

RUND UM BARDOLINO

9 EREMO SAN GIORGIO

5 km nördlich von Bardolino/10 Min. über die SP 32

Das Kamaldulenserkloster ist seit dem 17. Jh. ein Rückzugsort für Mönche und heute auch für Ruhe Suchende. Auf Anfrage kann man in einfachen Zimmern übernachten. Im Hofladen werden köstliche, selbst produzierte Bioprodukte verkauft, etwa Honig, Liköre und Sirup. *Tel. 04 57 21 13 90 | eremosangiorgio.it | ⌖ H6*

🔟 MUSEO DELL'OLIO DI OLIVA

*2 km südlich von Bardolino/knapp
5 Min. Richtung Lazise*

Im Ortsteil Cisano kannst du im Olivenölmuseum nicht nur gute Ware direkt vom Hersteller kaufen, sondern lernst auch, wie Olivenöl hergestellt wird. *Mo–Sa 9–12.30 und 15–18.30, So 9–12.30 Uhr | Via Peschiera 54 | museum.it | ⏱ 30 Min. | ▥ H7*

STRADA DEL VINO

*8 km bis Affi östlich von Bardolino/
15 Min. über Cavaion Veronese*

Eine Route, die einer nicht so richtig wird genießen können: der Fahrer … Die Weinstraße beginnt etwas nördlich von Bardolino bei Costermano und führt über Affi, Pastrengo und Castelnuovo in Richtung Peschiera. Bei mehr als 70 Weingütern, Restaurants und Unterkünften entlang der Straße kannst du Wein genießen, verkosten und einkaufen. *bardolino-stradadelvino.it | ▥ H–J 6–8*

LAZISE

(▥ H7) **Der Altstadtkern von Lazise (7000 Ew.) ist noch heute vollständig umgürtet von der Stadtbefestigung aus dem 14. Jh. – nur durch eines der drei Stadttore gelangt man hinein.**

Hier geht es ruhiger zu als in allen anderen Orten am Ostufer. Umso reizender präsentiert sich die Altstadt mit dem kleinen Hafen, dem Skaligerkastell und der ungewöhnlich großen Piazza Vittorio Emanuele. Unter der Herrschaft der Venezianer war Lazise ein bedeutender Handelsort. Noch heute sichtbares Zeichen dieser Zeit ist das Zollgebäude am Hafen, von dem aus Venedig den Warenverkehr am See kontrollierte.

SIGHTSEEING

SAN NICOLÒ

Innehalten, Kerze anzünden und die restaurierten Fresken aus der Giotto-Schule bewundern … Die kleine romanische Kirche liegt zentral am Hafen, da lohnt sich der Abstecher.

CASTELLO SCALIGERO ⚑

Das Kastell stammt aus dem 14. Jh. und kann nur von außen besichtigt werden, da es sich in Privatbesitz befindet. Um den strategisch wichtigen Hafen von Lazise zu sichern, wurde es zeitweise auch als Festung benutzt.

STADTMAUER

Dass Lazises Altstadt fast vollständig ummauert ist, hat historische Gründe: Gegen die Macht der Mailänder baute Venedig seine Stellungen am Gardasee immer weiter aus. Die Stadtmauer war zugänglich durch drei Tore: *Porta Nuova* im Norden, *Porta San Zeno* Richtung Gardesana und *Porta del Lion* im Süden.

ESSEN & TRINKEN

PORTA LION

Auf einer Terrasse mit Blick auf die Stadtmauer lässt man sich mit Wolfsbarsch und Dorade gefüllte Ravioli oder Forellencarpaccio schmecken.

Tgl. | Via Rocca 13 | Tel. 04 57 58 11 94 | portalion.it | €€

ALLA GROTTA

Außergewöhnliche und ideenreiche (Fisch-)Küche direkt am kleinen Hafen. Schnapp dir einen Außentisch und genieß den Seeblick – wenn du noch Augen für etwas anderes als das Essen hast. *Di geschl. | Via Francesco Fontana 8 | Tel. 04 57 58 00 35 | allagrotta.it | €€*

CLASSIQUE

Eines der am schönsten gelegenen Restaurants am See, etwas erhöht in einer historischen Villa aus dem 19. Jh. an der Uferpromenade. Von der Terrasse bewundert man den See, drinnen die Bodenmosaiken. *Tgl. | Via Albarello 33 | Tel. 04 57 58 02 70 | ristoclassique.it | €€*

COZZERIA ALLE MURA

Zugegeben: Wenn man auf der Karte Miesmuscheln mit Gorgonzola entdeckt, ist die Versuchung groß, aufzustehen und zu gehen. Doch das wäre ein Fehler, denn alle 21 Miesmuschelvariationen sind wirklich lecker – ob exotisch mit Zitrusfrüchten, traditionell mit Zitrone und Pfeffer oder abgefahren mit Gorgonzola oder Weißbier. *Tgl. | Via Cansignorio 16 | Tel. 04 56 47 06 44 | cozzeria.com | €€*

GEM'S BREW PUB

INSIDER-TIPP
Craft Beer all'italiana

Naturbelassen, unfiltriert und süffig ist das selbst gebraute Bier in dieser Braukneipe etwas außerhalb auf Höhe der Campingplätze, die zugleich auch Pizzeria ist. Draußen sitzt man an rustikalen Holztischen, drinnen in urigem

Für ihre 700 Jahre noch ziemlich gut in Schuss: Lazises Stadtmauer aus dem 14. Jh.

Ambiente. *Tgl. | Via Gardesana 135 | Tel. 04 56 47 11 44 | gemsbrewpub.it | €*

SHOPPEN

MARKT

Jeden Mittwochvormittag ist Markt am *Lungolago Marconi*.

boarden oder Flyboard und Fun-Aktivitäten für Kinder ab fünf Jahren organisiert der gebürtige Südtiroler Patrick Planatscher in seiner Wassersportschule *Gardawake (Via Pra del Principe | Tel. 34 94 07 60 04 | gardawake. com)*.

Gut 3 km südlich im  *Aquapark Caneva* lassen sich Kinder im Lazy River

Ungewöhnlich groß für die Städtchen am See ist Lazises Piazza Vittorio Emanuele

ENOTECA L'ARTE DEL BERE

Die „Kunst des Trinkens" heißt diese *enoteca*, ganz nach dem Motto: Das Leben ist zu kurz, um schlechte Weine zu verkosten. Die Auswahl an guten Tropfen wird dem gerecht. *Via Cansignorio 10 | artedelbere.com*

SPORT & SPASS

Lazise ist perfekt für alle, die im Urlaub vor allem den Spaßfaktor suchen. Action und Wassersport wie Wake-

auf Gummireifen treiben, mutige Erwachsene klettern auf einen 32 m hohen Turm und stürzen sich eine steile Rutsche hinab. Noch mehr Adrenalin? Im angrenzenden *Hollywoodpark Movieland* fühlst du dich beim Hollywood Action Tower wie ein echter Stuntman: Hier wird ein freier Fall aus großer Höhe simuliert. *Stark gestaffelte Öffnungstage und -zeiten s. Website | canevaworld.it*

Das ist aber noch längst nicht alles! Noch einmal 3 km weiter Richtung

Peschiera Der Freizeitpark 👥 *Gardaland (stark gestaffelte Öffnungstage und -zeiten s. Website | gardaland.it)* bietet Attraktionen für alle Altersstufen, ist im Sommer aber oft überlaufen. Wer sein Ticket online bucht und ausdruckt, spart ein paar Euro, und wer den Park erst abends ab 18 Uhr besucht, zahlt weniger und wartet kürzer. Zum Park gehört auch das 🐟 *Sea Life Gardaland,* ein Aquarium mit 35 großen Becken.

Last, but not least: Wer schon immer mal Nashörner, Löwen und Tiger im Freien beobachten wollte, darf eine Autofahrt durch den 👥 Safaripark *Parco Natura Viva (März–Nov. tgl., stark gestaffelte Zeiten s. Website | parconaturaviva.it)* 7 km landeinwärts bei Pastrengo nicht auslassen. Aber bitte das Autofenster geschlossen lassen!

WELLNESS

5 km südlich in Colà wartet der *Parco Termale del Garda di Villa dei Cedri (So–Fr 9.30–23, Sa 9.30–1 Uhr | villa deicedri.it)* mit seinem 37 Grad warmen Thermalsee. Abends ist es ruhiger, alles ist zauberhaft beleuchtet und im Park mit alten Bäumen und in der Villa dei Cedri gibt es dann Konzerte.

INSIDER-TIPP
Romantischer Wellness-abend

AUSGEHEN & FEIERN

In Lazise sitzt man abends an der *Piazza Vittorio Emanuele* und trinkt sein Gläschen Wein. Die einheimische (Surfer-)Szene trifft sich gern zum Aperitif im *Caffè Beccherie (Piazzetta Beccherie 4).*

RUND UM LAZISE

11 PESCHIERA DEL GARDA

10 km südlich von Lazise/15 Min. mit Buslinie 164

Peschiera liegt am südlichsten Zipfel des Sees bei dessen Abfluss: Der Mincio schafft das Wasser, das die Sarca in Riva in den See führt, hinaus in den Po und weiter in die Adria. Er bildet die Grenze zwischen Venetien und der Lombardei. Ab 1516 gehörte Peschiera den Venezianern, die die Stadt zu einer Festung ausbauten. Die eindrucksvollen Mauern sind Unesco-Weltkulturerbe und prägen das Stadtbild. Am Bahnhof von Peschiera halten viele Züge auf der Strecke Mailand–Venedig.

Starte den Tag im *Feliz Café (tgl. | Via Milano 29 | felizcafe.it)* mit einer breiten Auswahl auch an veganen Croissants. Die Geschichte der Fischerei im Gardasee dokumentiert das *Museo della Pesca e delle Tradizioni Lacustri (Sa/So 10–12.30 und 15.30–18.30 Uhr | amicidelgondolin.it)* in der habsburgischen Kaserne an der linken Seite des Canale di Mezzo. Zu sehen sind Fotos, Fischfanggeräte und Informationen zur Geologie des Sees.

Ein lässiges Lokal am See ist das *Vecchio Mulino (tgl. | Strada Bergamini 14 | Tel. 04 59 23 30 82 | vecchiomuli nobeach.com | €€),* eine Beach Bar mit Restaurant. In einem Teil der ehemaligen Festung serviert das Team der *Osteria Rivelin (außer Sa/So mittags geschl. | Via Milano 1 | Tel. 04 52 52 60 48 |*

osteriarivelin.com | €€) traditionelle Gerichte mit Produkten aus der Region, von Tagliatelle mit einem Ragout aus Seefischen bis zum Kaninchen mit Polenta.

Wer mal weg vom See und einen Tag auf dem Rad verbringen möchte, kann gemütlich und immer eben am Mincio entlang von Peschiera bis nach Mantova radeln: fast 40 km reiner Radweg. Zurück geht es bequem mit dem Zug. Räder verleiht *Noleggio Bici Piccoli Mauro (Via Venezia 15 | Tel. 34 94 67 80 06 | noleggiobiciclettepes chieradelgarda.it).* Stilvolle Alternative zum Fahrrad: eine Vespatour! *Motoragazzi (Via Milano 30 | Tel. 34 29 28 75 30 | motoragazzi.com)* organisiert Ausflüge mit dem Kultroller

um den Gardasee und in die Valpolicella. *H8*

12 VALEGGIO & BORGHETTO SUL MINCIO

20 km südlich von Lazise/30 Min. über Peschiera

Das kulinarische Aushängeschild von Valeggio (15 000 Ew.) sind die Tortellini. Pastafans strömen daher in die hervorragenden Restaurants des Örtchens. Himmlisch schmeckt die Pasta im *Alla Borsa (Di/Mi geschl. | Via Goito 2 | Tel. 04 57 95 00 93 | ristoranteborsa.it | €€–€€€).* Wer sich nicht entscheiden kann, nimmt das *tris:* eine Kombination von drei Pastasorten. Beliebt ist auch die *Antica Locanda Mincio (Mi/ Do geschl. | Via Michelangelo Buonar-*

Blütenpracht und Grünoase: Parco Giardino Sigurtà bei Valeggio sul Mincio

roti 12 | Tel. 04 57 95 00 59 | anticalo candamincio.it | €€€) im Ortsteil Borghetto. Und Pasta und Tortellini zum Mitnehmen gibt es im *Pastificio Remelli (Via Alessandro Sala 24 | pastifi cioremelli.it).*

Über den *Ponte Visconteo,* eine gigantische gemauerte Brücke, einst als Staudamm konzipiert, geht es in den Ortsteil *Borghetto* auf einer Insel im Mincio. Hier feiert Valeggio am dritten Dienstag im Juni an einer rund 600 m langen Tafel auf der Brücke das Tortellinifest *Festa del Nodo d'Amore,* das „Fest des Liebesknotens" – so heißen hier die Tortellini.

INSIDER-TIPP
Was sind denn Liebesknoten?

Am nördlichen Stadtrand liegt der große Garten- und Naturpark  *Parco Giardino Sigurtà (März–Mitte Nov. tgl. 9–18, April–Sept. bis 19 Uhr | sigur ta.it).* Er kann zu Fuß, per Rad oder mit einer kleinen Bahn besichtigt werden.

INSIDER-TIPP
Es blühen Tulpen und Likes

Ab Mitte März heißt es hier Instagram-Alarm: Während der *Tulipanomania* blühen rund 1 Mio. Tulpen 300 verschiedener Sorten in der größten Tulpenblüte Südeuropas. Das Bauerngut des Parks wurde zu einem *Schulbauernhof* umgewandelt. Kinder können hier Esel und Schafe streicheln. 🗺 *0*

🔟 GARTENCENTER FLOVER IN BUSSOLENGO 🏳

11 km südöstlich von Lazise/15 Min. über die SP 5

Wenn das Wetter mal nicht mitspielt, ist dieses Gartencenter eine Alternative zum Regenspaziergang. Das ganze

Die Königin unter den Nudeltäschchen: handgemachte Tortellini im Alla Borsa

Jahr über finden Ausstellungen und Workshops zum Thema Haus und Garten statt. *Tgl. 9–19.30 Uhr | Via Pastrengo 14–16 | flover.it*

Und wenn du schon beim Shoppen bist: Im Einkaufszentrum *Porte dell'Adige (Mo–Sa 9–21, So 9–20 Uhr)* ein paar Kilometer weiter Richtung Verona an der SR 11 hast du die Auswahl zwischen 90 verschiedenen Geschäften. 🗺 *J7*

14 VERONA

1 Std. südöstlich von Lazise mit Buslinie 163 oder 164

Wer mal etwas Stadtluft schnuppern möchte, für den bietet sich eine Tour in die gut 25 km östlich gelegene Stadt (260 000 Ew.) an. Wie wäre es mit einer Zugfahrt? Vom Süden des Sees, etwa aus Peschiera, ist das kein Problem *(trenitalia.com)*. Von vielen anderen Seeorten fahren Linienbusse *(atv.verona.it)*. Ein Sammelticket für Museen, Kirchen, Sehenswürdigkeiten und öffentliche Verkehrsmittel ist die in Museen und Tabakgeschäften erhältliche *Verona Card (turismoverona. eu);* für einen Tag kostet sie 20 Euro.

Verona war dank seiner Lage am Ende der Route über den niedrigsten Alpenpass, den Brenner, schon für die Römer eine bedeutende Stadt. Aus der Römerzeit stammt auch der berühmteste Bau, die ⭐ *Arena di Verona (Mo 9–19, Di–So 9–17 Uhr, bei Opern-*aufführungen eingeschränkte Zeiten | Tel. Opernfestspiele 04 58 00 51 51 | arena.it)* an der Piazza Bra. Das Amphitheater aus dem 1. Jh. wurde durch Erdbeben im 12. Jh. stark beschädigt; von der Außenmauer stehen nur noch vier Arkaden. Die Arena kann tagsüber besichtigt werden, in vollem Glanz erstrahlt sie aber erst bei den berühmten Operninszenierungen. 👁 Auf der Piazza Bra versammeln sich einmal im Monat Romantiker und Amateurastronomen (Termine auf *astrofiliveronesi. it/luna-in-piazza-bra)*,

INSIDER-TIPP
Vollmond auf der Piazza

um von diesem schönsten Platz Veronas aus den Vollmond mit Fernrohren anzuschauen. Das ist kostenlos – und so romantisch!

Von der Piazza Bra nimm die Via Roma und gönn dir ein Eis in der ältesten Eisdiele Veronas, der *Gelateria Savoia (Via Roma 1b | gelateriasavoia.it)*. Manche stoppen hier nur, um den Kronleuchter aus Muranoglas aus dem 19. Jh. zu bewundern. Davon gibt es auf der ganzen Welt noch genau zwei Stück – der andere hängt in der Eremitage in Sankt Petersburg.

Über die Via Roma kommst du dann zum *Castelvecchio (Di–So 10–18 Uhr | museodicastelvecchio.comune.verona.it)*. Die ziegelrote Burg von 1534 ist das größte Bauwerk der Scaligerzeit. Hier werden wechselnde Ausstellungen gezeigt. Geh nun am besten am Hochufer der Etsch ein Stück flussaufwärts bis zur Piazza Portichetti. Der kurze Schlenker führt dich zu *San Zeno Maggiore,* der Lieblingskirche der Veroneser mit ihrem mit 48 Bronzeplatten verzierten Portal. Detaillierte

WOHIN ZUERST?

Piazza Bra: Ein idealer Startpunkt für die Stadterkundung ist dieser große Platz, an dem auch die Arena liegt. Am besten kommst du mit dem Zug – vom Bahnhof Porta Nuova geht man nur zehn Minuten in die Innenstadt. Wer lieber mit dem Auto anreist, findet ein Parkhaus an der Piazza Citadella ganz in der Nähe der Arena. Achtung: Die Altstadt von Verona ist „ZTL" (verkehrsbeschränkt)! Infos über das genaue Gebiet und die Uhrzeiten auf *short.travel/gar28*.

Wer keine Opernkarten bekommt, kann die Arena in Verona tagsüber besichtigen

Informationen über die Kirchen gibt es auf *chieseverona.it.*

Nun auf demselben Weg zurück zur Arena. Für eine Erfrischung auf dem Hauptplatz bieg an der Piazza Bra in die *Via Mazzini* ein, Veronas Einkaufsstraße schlechthin. Sie führt zur *Piazza delle Erbe.* Auf dem einstigen römischen Forum findet täglich ein Gemüsemarkt statt. Weiter geht es auf die *Piazza dei Signori* mit den *Scavi Scaligeri:* In den Ausgrabungen werden regelmäßig Fotoausstellungen des Centro Internazionale di Fotografia gezeigt. Unweit davon liegen die *Scaligergräber:* Die gotischen Gräber der einstigen Herrscherfamilie werden von lebensgroßen Reiterstatuen der Verstorbenen gekrönt.

In der nahen *Via Cappello 23* steht ein unscheinbares Haus aus dem 14. Jh., das nahezu jeder Veronabesucher besichtigen möchte, ganz egal, ob er Shakespeares berühmtes Drama „Romeo und Julia" kennt oder nicht: die *Casa Capuleti (tgl. 9–19 Uhr),* wie das „Haus der Julia" offiziell heißt. Die rechte Brust der Julia-Statue im Innenhof zu berühren soll Liebesglück bringen. Der Balkon, der auf keiner Abbildung oder Postkarte fehlt, wurde allerdings erst 1940 an die Fassade montiert.

In der *Osteria Sgarzarie (im Winter Di geschl. | Corte Sgarzarie 14a | Tel. 04 58 00 03 12 | €€)* unweit der Piazza Erbe speist man unbehelligt vom Touristentrubel. In der *Trattoria Tre Marchetti (Mo-Mittag und So, Juli/Aug. Mo geschl. | Vicolo Tre Marchetti 19b | Tel. 04 58 03 04 63 | tremarchetti.it | €€€)* wird Veroneser Küche serviert. Das Lokal zählt zu den besten der Stadt. *K8*

SÜDUFER

PARTY UND ANTIKE

Während der Norden des Sees eher fjordähnlichen Charakter hat, präsentiert sich das Südufer lieblich und weitläufig mit schönen Stränden, eingefasst von hügeliger Moränenlandschaft und Weinreben.

Die Atmosphäre im Süden ist mediterraner, südländischer. An die Stelle der alpinen Berge tritt ein eher hügeliges Hinterland, wo der bekannte Weißwein Lugana gekeltert wird. Touristische Höhepunkte sind die beiden Orte Sirmione und Desenzano. Das historisch in-

Ein beschaulicher Winkel in der größten Stadt am See: Porto Vecchio in Desenzano

teressantere Sirmione droht in den Sommermonaten tagsüber aus den Nähten zu platzen. Abends aber, wenn die Scharen der Tagestouristen weg sind, wird es angenehm ruhig in den verwinkelten Gassen. Die quirlige „Metropole" Desenzano ist die größte Stadt am See. Sie ist weniger vom Rummel betroffen, eignet sich wunderbar zum Shoppen und hat eine schöne Hafenmole.

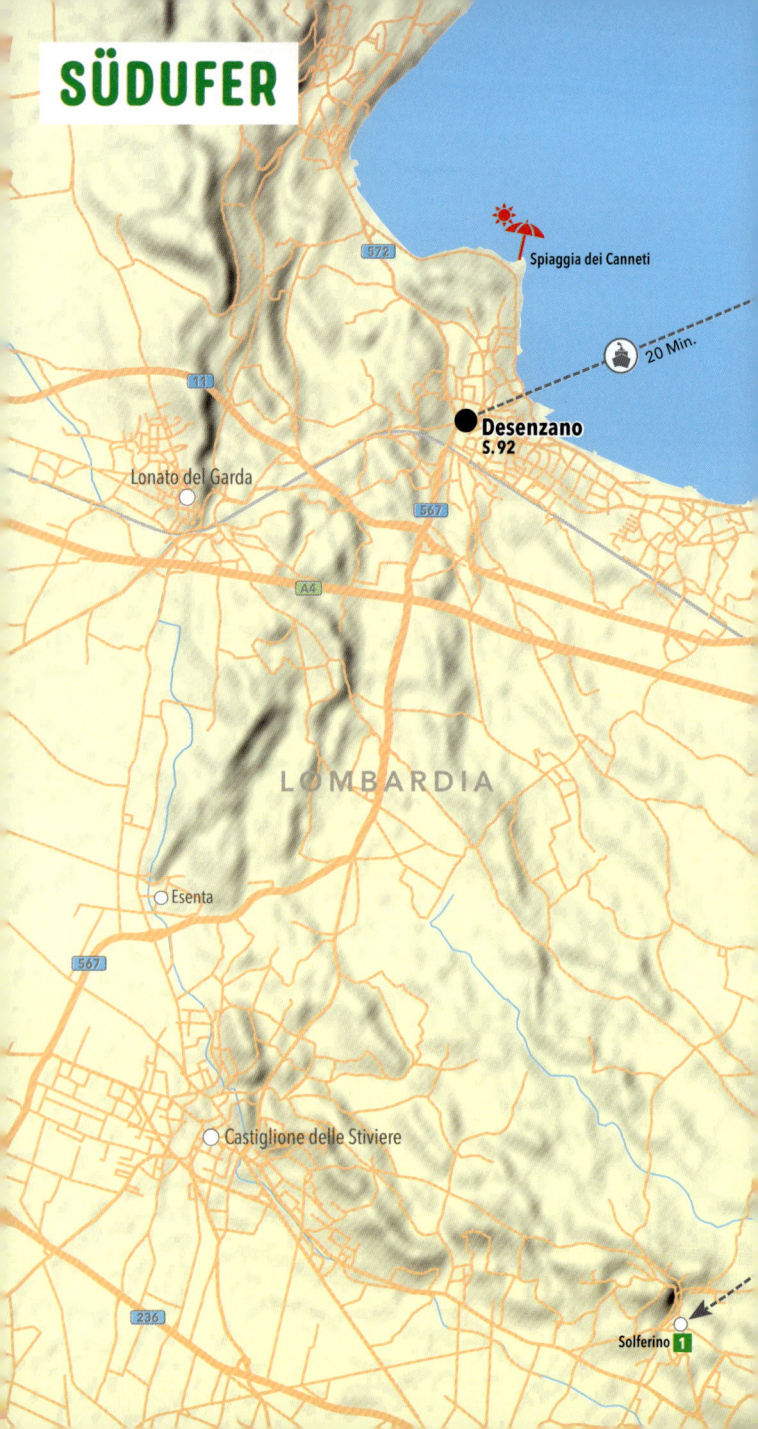

SÜDUFER

Spiaggia dei Canneti

20 Min.

Desenzano
S.92

Lonato del Garda

LOMBARDIA

Esenta

Castiglione delle Stiviere

Solferino

Lago

🏖️ Jamaica Beach

Lido delle Bionde ⭐

Sirmione Centro Storico

Sirmione
S. 88

Castello Scaligero ⭐

Grotte di Catullo ⭐

di Garda

Colombare

Lugana

San Benedetto di Lugana

11

San Martino
della Battaglia

*Laghetto
del Frassino*

A4

Peschiera del Garda

Fiume Mincio

Broglie

VENETO

Ponti sul Mincio

17 km, 25 Min.

Pozzolengo

Monzambano

Fiume Mincio

Castellaro Lagusello

MARCO POLO HIGHLIGHTS

⭐ **GROTTE DI CATULLO IN SIRMIONE**
Keine Grotten, sondern Überreste einer
römischen Villa mit Seeblick ➤ S. 89

⭐ **CASTELLO SCALIGERO IN SIRMIONE**
Auf römischen Fundamenten erhebt
sich eine Wasserburg wie aus dem
Bilderbuch ➤ S. 88

⭐ **LIDO DELLE BIONDE IN SIRMIONE**
Ein großer Kiesstrand mit flachem
Wasser, Café und Tretbooten ➤ S. 91

2 km
1.24 mi

SIRMIONE

(📖 G7) **Sirmione (8300 Ew.) liegt bezaubernd schön: Die auffällige Halbinsel ragt genau in der Mitte des Südufers nach Norden in den See.**

Sirmione ist einer der bekanntesten Orte am Gardasee – kein Wunder, dass die hübschen Altstadtgassen oft hoffnungslos überlaufen sind. Ab der Fußgängerbrücke beim Scaligerkastell ist das historische Zentrum nur den Fuß-

gängern vorbehalten, denn durch einen breiten Kanal, der am Kastell entlanggegraben wurde, ist die Altstadt zu einer Insel geworden.

Sirmione ist nicht erst in heutiger Zeit ein Magnet, schon zu Römerzeiten war es als Heilbad bekannt: Die fast 70 Grad heißen, schwefelhaltigen Quellen entspringen aus dem Seeboden 300 m nordöstlich der 4 km langen Halbinsel.

SIGHTSEEING

CASTELLO SCALIGERO ⭐ 🚩

Mastino della Scala ließ im 13. Jh. innerhalb der Ringmauern eine Wasserburg auf römischen Fundamenten erbauen. In der alten Festungsanlage am Eingang zur Altstadt finden heute manchmal Ausstellungen statt, aber auch ohne solch kulturelle Dreingaben gibt es im Kastell einiges zu sehen – steig auf jeden Fall auf den Turm: Von dort hast du einen schönen Blick über die Dächer der Altstadt. Wer jetzt eine Erfrischung braucht: Vor der Burg steht oft ein schöner, alter Obststand, der frische Melonenhälften und Ananasviertel, Zitronenschnitze und Kokosschiffchen verkauft. *Di–Sa 8.30–19.15, So 8.30–13.30 Uhr | museilombardia.cultura.gov.it*

SANT'ANNA

In der kleinen Kapelle aus dem 14. Jh. mit barocker Ausstattung aus dem 17. Jh. gegenüber von der Burg kann man eine Madonna mit Jesuskind bewundern. Frauen, die sich Nachwuchs wünschen, kommen manchmal hierher, um die Madonna um ein Kind zu bitten. *Piazza Castello 1*

Grotte?! Bei der Grotte di Catullo handelt es sich um eine Römervilla am See

SAN PIETRO IN MAVINO

Auf einem Hügel, der den See dominiert, erhebt sich zwischen Olivenbäumen diese älteste Kirche von Sirmione. Sie wurde schon im 8. Jh. erbaut und ist innen mit Fresken geschmückt. *Via San Pietro in Mavino*

PARCO TOMELLERI

Die silbrigen Blätter der Olivenbäume, die weißen Wege durch das grüne Gras, das türkisblaue Wasser des Sees: Wer genug von den Nippesläden, Eisdielen und Boutiquen der Altstadt hat, genießt in diesem Park das Farbenspiel der herrlichen Landschaft und das Seepanorama. In dieser romantischen Kulisse werden gerne Hochzeiten gefeiert *(sirmionewedding.it). Via Caio Valerio Catullo 7*

GROTTE DI CATULLO ★

Gaius Valerius Catull hatte recht getan: Kaum einen schöneren Platz am Gardasee hätte er sich wählen können. Doch die repräsentative Villa, die sogenannten Grotten des Catull, hat er nicht gebaut, dazu war er wohl nicht reich genug. Aber was macht es schon aus, dass eigentlich nicht ganz sicher ist, ob der römische Dichter wirklich an dieser Stelle im Süden des Sees logierte. Jedenfalls es ist ein reizendes Plätzchen und man mag gerne glauben, dass Catull hier die Worte schrieb: „Oh herrliches Sirmione, Perle der Halbinsel und Inseln ..." Eine Besichtigung der großen Anlage lohnt sich auf jeden Fall: Man kann schön unter Olivenbäumen spazieren und die umfangreichen Mauerreste bestaunen. Im Eintrittspreis inbegrif-

fen ist der Besuch des *Archäologischen Museums*. Hervorragend beschriftet – auch auf Deutsch –, gibt es einen guten Überblick nicht nur über die gesamte Anlage, sondern auch über die frühe Geschichte des Gardasees. *Mitte März–Okt. Di-Sa 8.30–19.30, So 14–19.30, Nov.–Mitte März Di-Sa 8.30–17, So 8.30–14 Uhr | grotte dicatullo.beniculturali.it | ⏱ 1¾ Std.*

ESSEN & TRINKEN

RISORGIMENTO

Freundliches Personal, ausgezeichnetes Essen und mehr als 600 Weine im Wein-„Keller" im ersten Stock, all das auf der zentralen Piazza Carducci.

Entspanntes Shoppen: In Sirmiones autofreien Altstadtgassen bummelt es sich angenehm

Braucht man mehr? *Di geschl. | Piazza Carducci 5 | Tel. 0 30 91 63 25 | risorgimento-sirmione.com | €€–€€€*

LA RUCOLA 2.0
Erst das Auge, dann der Gaumen (und zum Schluss der Geldbeutel): Das Sternelokal zieht dich sofort in den Bann, ebenso das Menü mit seinen Zwischengängen und Pralinen. Aufpassen muss allerdings das Portemonnaie … *Do geschl. | Vicolo Strentelle 3 | Tel. 0 30 91 63 26 | ristorante larucola.it | €€€*

LA SPERANZINA
In diesem Sternelokal hast du die Wahl zwischen den À-la-carte-Gerichten und einem Degustationsmenü. Beide kannst du in einem ruhigen Garten mit Seeblick genießen. *Mo geschl. | Via Dante 16 | Tel. 03 09 90 62 92 | lasperanzina.it | €€€*

OSTERIA AL TORCOL
Weinstube mit kleiner, aber origineller Karte. Freundlicher Service und umfangreiche Weinauswahl mit Schwerpunkt auf regionalen Erzeugnissen. *Mi geschl. | Via San Salvatore 30 | Tel. 03 09 90 46 05 | €€–€€€*

IL GIRASOLE
Ob Pizza, Pasta oder Fisch, in der „Sonnenblume" wirst du fündig. Am schönsten lässt es sich auf der kleinen

Außenterrasse essen. *Tgl. | Via Vittorio Emanuele 72 | Tel. 0 30 91 91 82 | ilgi rasole.info | €–€€*

SHOPPEN

Die Altstadtgassen auf der Halbinsel sind eine einzige Ladenstraße mit einer großen Vielfalt. Das schwefelhaltige Wasser der Thermen von Sirmione verspricht Linderung bei verschiedensten Krankheiten, u.a. bei HNO-Problemen.

**INSIDER-TIPP
Eine Nase Heilwasser gefällig?**

Kein Wunder, dass man überall in den Apotheken Nasenspray mit *Acqua di Sirmione* kaufen kann. Mach den Schnupfentest –

es hilft wirklich! Du musst nur die leichte Note von faulen Eiern aushalten ...

STRÄNDE

Einige frei zugängliche Kiesstrände finden sich am Südufer Richtung Peschiera. An der *Spiaggia di Punta Grò* etwa liegst du im Schatten von jahrhundertealten Bäumen. Der ★ *Lido delle Bionde* ist ein großer, flacher Kiesstrand am nordöstlichen Ende der Halbinsel. Es gibt ein Café und Tretboote, Liegestühle und Schirme zum Ausleihen fast wie in einem klassischen *bagno* an der Adria – der lange Holzsteg im Wasser ist Liegewiese und Laufsteg zugleich. Nur zu Fuß, durch ein Tor vor dem Eingang der Grotte di Catullo, erreicht man den *Jamaica Beach*. Weiße Steine, türkisblaues Wasser: An diesem Strand am nördlichsten Zipfel der Halbinsel fühlt man sich tatsächlich wie in der Karibik. Am Abend geht die Sonne hinter den gegenüberliegenden Bergen unter – das romantischste Urlaubsfoto ist damit gesichert. Achtung: Die Steinplatten können rutschig sein!

**INSIDER-TIPP
Perfekter Sunset-Strand**

WELLNESS

Das Heilwasser aus Sirmione enthält u.a. Salz, Jod und Brom und hilft gegen mehrere Krankheiten. Die heilenden Quellen genießt du am besten im *Aquaria (tgl. 9–22, Juni/Juli Fr/Sa bis 24 Uhr | Piazza Don Piatti 1 | termedi sirmione.com),* dem riesigen Wellnesscenter mit mehreren Becken, Erlebnisduschen und allem Zipp und Zapp, das man zum Entspannen so braucht.

DESENZANO

(☐ F7) **Desenzano ist mit seinen knapp 29 000 Ew. der größte Ort am Gardasee – und genau genommen auch der älteste. Als sich die Gletscher, die das heutige Gardaseebecken ausgegraben hatten, nach dem Ende der Eiszeit nach Norden zurückzogen, war dies der erste bewohnbare Flecken am See.**

Auch die Römer ließen sich hier nieder, die Ausgrabungen einer Villa aus dem 3. Jh. mit schönen Bodenmosaiken sind steinerne Zeugen dieser Epoche. Auch später wurde Desenzano immer wieder von fremden Herrschern begehrt, denn sein Hafen am Südende des Sees war ein wichtiger Umschlagplatz für Waren.

Auch heute hat Desenzano ein lebhaftes Alltagsleben. In der großen Fußgängerzone lässt es sich gut einkaufen und bummeln, in den Cafés an der Piazza Matteotti kann man stundenlang beim Cappuccino sitzen und dem Treiben zusehen. Und in den Bars am alten Hafen ist abends fast kein Platz zu bekommen. Andere Orte

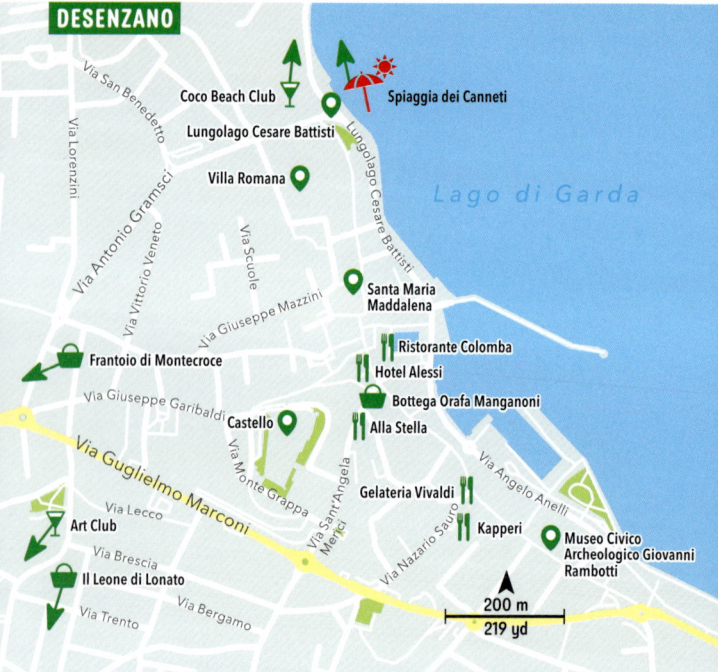

DESENZANO

Via San Benedetto
Via Lorenzini
Coco Beach Club
Lungolago Cesare Battisti
Spiaggia dei Canneti
Via Antonio Gramsci
Villa Romana
Via Vittorio Veneto
Via Scuole
Lungolago Cesare Battisti
Lago di Garda
Via Giuseppe Mazzini
Santa Maria Maddalena
Frantoio di Montecroce
Ristorante Colomba
Hotel Alessi
Via Giuseppe Garibaldi
Bottega Orafa Manganoni
Castello
Alla Stella
Via Monte Grappa
Via Sant'Angela Merici
Gelateria Vivaldi
Via Angelo Anelli
Via Guglielmo Marconi
Via Lecco
Art Club
Via Brescia
Il Leone di Lonato
Via Trento
Via Bergamo
Via Nazario Sauro
Kapperi
Museo Civico Archeologico Giovanni Rambotti

200 m
219 yd

Zwei Jahrtausende altes Steinchenpuzzle: Fußbodenmosaik in Desenzanos römischer Villa

am Gardasee mögen eine schönere Uferpromenade haben, doch die Mole von Desenzano ist nicht zu überbieten. Kein Wunder, dass sich hier zum Sonnenuntergang nicht nur Angler einfinden, sondern auch viele Liebespaare.

Freitag- und Samstagnacht ist bis Mitternacht in den Gassen der Fußgängerzone praktisch kein Vorankommen mehr: Junge Leute aus dem Umkreis treffen sich hier, gestylt und flirtbereit. Nach dem Flanieren geht es weiter in eine der vielen Diskotheken im Umland.

SIGHTSEEING

LUNGOLAGO CESARE BATTISTI

Wer an der Uferpromenade entlangflaniert, hat einen schönen Blick auf den See – und die Motorboote, die manchmal mit erheblicher Geschwindigkeit umherbrausen. Doch das ist noch gar nichts: 1934 stellte hier Francesco Agello einen Geschwindigkeitsweltrekord auf: 709 Stundenkilometer! An diese Tat erinnert eine Skulptur vor dem Hotel Mayer & Splendid.

SANTA MARIA MADDALENA

Ein Blick in diese Kirche lohnt sich nicht nur für Kirchenliebhaber: Der gesamte Innenraum der Renaissancekirche stammt aus dem 16. Jh. und gleicht fast einer Gemäldegalerie. „Das Letzte Abendmahl" von Giambattista Tiepolo ist besonders beeindruckend.

VILLA ROMANA

Der Schreiner Emanuele Zamboni dürfte einst wenig erfreut gewesen sein: Als er 1921 mit dem Bau seines Hauses beginnen wollte, stieß er bei Grabungen auf die Reste eines 100 m^2 großen römischen Gutshofs. Interessant sind die Bodenmosaiken sowie die antiken Hohlraumheizungsanlagen – das römische Pendant zu heutigen Fußbodenheizungen. *April–Okt. Di–Sa 9–19.30, So 14.10–19.30, Nov.– März Di–Sa 9–17, So 9–14 Uhr | Via Crocefisso 22*

CASTELLO

Die Burg von Desenzano, ursprünglich aus dem Mittelalter, wurde im 19. Jh. zu einer Kaserne umgebaut.

INSIDER-TIPP
Weitblick am flachen Südufer

Den kleinen Spaziergang hinauf belohnt die Aussicht, ==denn hier am Süden des Sees hat man sonst wenig Möglichkeiten, einen weiten Blick übers Land zu werfen.== *Mitte April–Sept. Di–So 10–18.30, Okt.–Mitte April Sa/So 10–17.30 Uhr*

MUSEO CIVICO ARCHEOLOGICO GIOVANNI RAMBOTTI

Untergebracht ist das Museum in einem Kreuzgang aus dem 15. Jh. – schon der ist sehenswert. Interessantestes Stück ist ein gut 2 m langer Eichenpflug aus dem 2. Jahrtausend (!) v. Chr. *Di/Mi 9–13, Do/Fr 15–19, Sa/So 14.30–19 Uhr | Via Tommaso Dal Molin 7c (im Chiostro di Santa Maria de Senioribus) | short.travel/gar30*

ESSEN & TRINKEN

RISTORANTE COLOMBA

Ein bisschen retro und direkt am Hafen: ein wunderbarer Platz für ein leckeres Abendessen. Das Tiramisu? So was von cremig! *Tgl. | Vicolo dell'Interdetto 16 (Via Porto Vecchio) | Tel. 03 09 14 37 01 | ristorantecolombadesenzano.com | €–€€€*

HOTEL ALESSI

Zu diesem Hotel gehören das schicke, etwas teurere *Corte Pozzi* im Innenhof des Palazzos, die günstigere *Trattoria Alessi* und die *Wine Bar* mit verlockenden Salami- und Schinkenplatten zum Wein. *Tgl. | Via Castello 7a | Tel. 03 09 14 17 56 | hotelalessi.com | €–€€*

ALLA STELLA

Touristen wie Einheimische strömen in dieses familiengeführte Restaurant in einer Seitengasse. Ob Nudeln, Gnocchi oder das Brot: Alles wird aus Biomehl selbst hergestellt. *Di–Mittag und Mo geschl. | Vicolo Molini 6 | Tel. 03 09 91 11 87 | allastellaristorante.it | €€*

GELATERIA VIVALDI

Das Eis gehört zu den besten der Stadt. Es werden nur Sahne und Milch von Biobetrieben verwendet. Pistazie ist umwerfend! *Piazza Matteotti 9 | Facebook*

KAPPERI

In der modernen Location mit schönem Garten geht es lebendig und dynamisch zu. Gute Küche, aber auch Pizza, was ein jüngeres Publikum anzieht. *Mo geschl. | Via Nazario Sauro 7 | Tel. 03 09 99 18 93 | kapperi.eu | €€–€€€*

SHOPPEN

BOTTEGA ORAFA MANGANONI

Vater, Tochter und Sohn schmieden in diesem tollen Geschäft personalisierte Schmuckstücke auf Bestellung. *Via Sant'Angela Merici 12 | orafimanganoni.it*

FRANTOIO DI MONTECROCE

Olivenöl frisch (und kalt) gepresst gibt es in dieser *azienda agricola* in Montecroce. *Viale Ettore Andreis 84 | frantoio montecroce.it*

IL LEONE DI LONATO

120 Läden haben sich zu diesem Shoppingzentrum 2 km von der Autobahnabfahrt Desenzano Richtung Castiglione delle Stiviere zusammengeschlossen. *Tgl. 9–22 Uhr | illeonedilonato.klepierre.it*

MÄRKTE

Wochenmarkt ist dienstagvormittags an der Uferstraße, ein *Bauernmarkt* donnerstagvormittags auf der Piazza Garibaldi. Von Mai bis November gibt es am ersten Sonntag im Monat einen *Vintagemarkt (antiquariatovintagede* *senzano.it)* an der Via Angelo Anelli im Herzen der Stadt.

SPORT & SPASS

Indigo (Via Vò 6 | Tel. 33 98 25 02 59 | indigoyogasup.it) bietet verschiedene Yogakurse an; montags, mittwochs und samstags um 19.30 Uhr kannst du deinen Gleichgewichtssinn herausfordern und auf einem Stand-up-Paddelboard Yoga üben. Wer das Hinterland per Rad erkunden möchte, folgt den sechs Vorschlägen durch die Weinberge des Lugana oder ins hintere Valtenesi *(stradadeivini.it).* Weitere Touren auf *gardabelloebuono.it/ciclabili.*

Im Süden kann man auch hervorragend tauchen, etwa mit den Lehrern

INSIDER-TIPP
Yoga auf dem Wasser

Mercato in Desenzano: Zu den großen Urlaubsvergnügen zählt ein Marktbummel

von *Tritone Sub (Via Giotto 104 | Tel. 32 75 75 17 66 | tritonesub.it).* Schöne ☏ Reitausflüge (auch nachts!) für Erwachsene und Kinder ab 14 Jahren bietet im Sommer der *Circolo Ippico Spia d'Italia (Via Cerutti 61 | Tel. 34 72 58 47 22 | circoloippicospiaditalia.it)* in Lonato an.

STRÄNDE

In Desenzano und Umgebung findest du eine breite Auswahl an Stränden: Gleich nördlich vom Hafen liegt der Kiesstrand *Spiaggia Feltrinelli* mit Sonnenschirmen und Liegen. Der FKK-freundliche Strand ☏ *Spiaggia dei Canneti* 1 km weiter nördlich bei der Punta Vò ist seit Jahrzehnten ein Treffpunkt der Gayszene. In die andere Richtung, beim Ortsteil Rivoltella, trifft sich die hippe Jugend an der *Spiaggia d'Oro* zum Baden und Feiern im *Golden Beach Club (goldenbeach.playfun.tv).* Weitere Badegelegenheiten zwischen Desenzano und der Halbinsel von Sirmione und Richtung Norden entlang der hügeligen Valtenesi.

WELLNESS

Das (teure) Spa mit Sauna, Dampfbad und kleinem Pool im *Hotel Mayer & Splendid* in der Altstadt öffnet nach Anmeldung auch für externe Gäste. *Piazza Papa 10 | Tel. 03 09 14 22 53 | hotelmayerdesenzano.com*

AUSGEHEN & FEIERN

An Desenzano führt kein Weg vorbei, wenn man sich dem Saturday-Night-Fever hingeben will – die Stadt ist *das* Nightlifezentrum am See.

ART CLUB

Obwohl die Disco außerhalb der Stadt nah an der Autobahnausfahrt liegt, ist sie stets voll. Einheimische und Touristen in jedem Alter tanzen hier mittwochs, freitags und samstags zu den Beats verschiedener DJs; immer wieder unterhält die Dragqueen Madame Sisì gemeinsam mit ihrem Team das Publikum mit großartigen Shows. Super Stimmung! *Mi, Fr und Sa ab 23.30 Uhr | Via Mella 4 | artclubdisco.com*

COCO BEACH CLUB

Miami-Feeling am Gardasee: In elegantem Ambiente in Lido di Lonato am See auf feinem Sandstrand feiern Einheimische wie Urlauber von morgens bis spät in die Nacht. *Mi und Fr–So ab 18 Uhr | Via Catullo 5 | cocobeachclub.com*

RUND UM DESENZANO

1 SOLFERINO & SAN MARTINO DELLA BATTAGLIA

15 km bis Solferino südlich von Desenzano/20 Min. über die SP 567 und Castel Venzago

Die Gegend rund um den Gardasee war immer wieder Schauplatz erbitterter kriegerischer Auseinandersetzungen. Zu den schlimmsten gehörten die Schlachten von San Martino della Battaglia und Solferino einige Kilo-

Was vom Kriege übrig blieb: Totenschädel in San Pietro in Solferino

meter südlich. 1859 siegte hier das Risorgimento, die italienische Einigungsbewegung, gegen die Armee des österreichischen Kaisers Franz Joseph. Die Grundlage für einen italienischen Nationalstaat war gelegt: In der Nation Italien fanden sich das österreichische Venetien, das savoyische Piemont, das Königreich Sizilien und das päpstliche Rom zusammen – doch auf dem Schlachtfeld lagen 25 000 Tote.

Außerdem, und das machte Solferino weltweit bekannt, lagen Zehntausende verwundete Soldaten auf der Erde, denen niemand half. Der schwerreiche Schweizer Henri Dunant 0war von diesem Anblick so erschüttert, dass er das Rote Kreuz gründete, ursprünglich eine Hilfsorganisation für Kriegsverletzte. In der Kirche *San Pietro* in Solferino sind 7000 Schädel aufbewahrt und gemahnen an den Schrecken der Kriege.

In San Martino ragt der 74 m hohe Gedenkturm *Torre di San Martino* auf, in dessen Innerem Fresken die Geschichte des Risorgimento erzählen. Eine 👥 kinderfreundliche *Radtour (short. travel/gar26)* führt vom Bahnhof in Desenzano zum Gedenkturm. Hin und zurück über eine schöne Ringroute sind es 21 km. *solferinoesanmartino.it* 🗺 G8

WESTUFER

HIER WOHNT DIE RUHE

Wo alles begann: 1880 erkannte der Österreicher Louis Wimmer am Westufer des Sees, dass es auch seinen Landsleuten hier gut gefallen würde. Er begann mit dem Bau des Grand Hotel Gardone und legte so den Grundstein für den Tourismus am Gardasee.

Um die Wende zum 20. Jh. entstanden weitere Luxushotels und wurden herrliche Parks angelegt, deren alte Bäume bis heute den Charme dieser Region ausmachen. 1921 ließ sich der Dichter Gab-

Maritimes Stillleben: vertäute Boote vor der Uferpromenade in Maderno

riele D'Annunzio hier nieder, ein Exzentriker und Dandy. Sein Haus, das Vittoriale degli Italiani, ist ein Museum und konserviert den Geist dieser Zeit. Der Geist wurde bald zum Ungeist – 1943 rief der Diktator Benito Mussolini im benachbarten Salò die faschistische Repubblica Sociale Italiana aus. Mussolini wohnte mit seiner Familie in der Villa Feltrinelli in Gargnano; seine Geliebte Claretta Petacci hatte er in der Villa Fiordaliso in Gardone einquartiert, heute ein edles Hotelrestaurant.

Magasa

Persone

Cadria

Tremosine

Strada della Forra ⭐ 8

Schauderterrassen ⭐

Pieve

Malcesine

Turano

Moerna

Campione del Garda

Bollone

Costa

Madonna di Montecastello 7

Cassone

Tignale

Assenza

9 Lago di Valvestino

Porto

Muslone

Marniga

Parco Fontanella ⭐

Castelletto

Navazzo

Gargnano
S. 113

Prada

249

VENETO

Gaino

Lago

Pai di Sotto

Toscolano-

Maderno

6 Toscolano-Maderno

Gardone Riviera S. 108

Giardino Botanico André Heller ⭐
Vittoriale degli Italiani ⭐

Torri del
Benaco

1 Isola del Garda

3 Manerba del Garda

di Garda

Sirmione

SALÒ

Am südlichen Westufer machen die Berge Platz. Hier gibt es keine Tunnels mehr, die Uferstraße windet sich elegant am See entlang oder zieht sich dezent zurück. Wer hier Urlaub macht, sucht weder extreme Sportabenteuer wie im Norden oder Familienstrände wie im Osten, sondern will geruhsam seinen Cappuccino oder Aperol Spritz am See trinken, der hier so breit ist, dass er bei diesigem Wetter wie ein Meer erscheint. Und abends wird geschlemmt, denn auch für die exzellente Küche ist dieser Uferstreifen berühmt.

Warm mit Charme: Das elegante Salò liegt besonders geschützt an einer Bucht

(▣ F6) **Die längste** ⭐ **Uferpromenade am See hat Salò (11 000 Ew.) – und das schon seit 120 Jahren: Nach einem Erdbeben 1901 wurde diese gebaut.**

2004 bebte die Erde wieder, es gab starke Schäden an Gebäuden. Die Uferpromenade wurde ausgebaut und verlängert, fast 3 km weit reicht sie nun bis zum Friedhof mit den auffälligen Zypressen auf der anderen Seite der Bucht. Sie ist praktisch autofrei, ein Café reiht sich ans nächste, am Ufer stehen Bänke. Leise schaukeln die kleinen Fischerboote, die morgens hinausfahren und aus dem See holen, was du in den Restaurants von Salò aufgetischt bekommst: *lavarello,* Renke, und *coregone,* Gardaseefelchen. Der Ort liegt in einer Bucht am südlichen Westufer und obwohl Salò heute ein umtriebiges Städtchen ist, spürt man noch die Aura des eleganten Seebads. Salò war immer etwas wohlhabender als die umliegenden Fischerdörfer; 1377 wurde es von den Mailänder Herrschern Visconti als Verwaltungssitz des Westufers bestimmt, 1426 ernannten die Venezianer den Ort zur „Magnifica Patria della Riviera". Und am Ende seiner Herrschaft erhob Benito Mussolini Salò 1943 zur Hauptstadt der faschistischen Sozialrepublik.

SIGHTSEEING

PALAZZO DEL PODESTÀ

Im 16. Jh. wurde dem alten Rathaus aus dem 14. Jh. eine venezianische

Fassade mit Arkadengang verpasst und das steht ihm bis heute nicht schlecht. Original ist davon jedoch nichts mehr, denn das Erdbeben von 1901 zerstörte auch den Palazzo del Podestà.

SANTA MARIA ANNUNZIATA
Salò besitzt als einziger Ort am See einen Dom. Mit dem Bau des spätgotischen Gotteshauses wurde 1453 begonnen. In die schlichte Backsteinfassade wurde später ein weißes Renaissanceportal eingefügt. *Tgl. 8.30–12 und 15.30–19 Uhr | Piazza Duomo | parrocchiadisalo.it*

HOTEL LAURIN
Das Laurin ist das wohl schönste Jugendstilgebäude am See. Heute ist darin ein edles Hotel untergebracht, in dessen Lobby du aber auch nur etwas trinken und so in Ruhe das Interieur bewundern kannst. Hier hatte sich während des Faschismus zeitweilig das Außenministerium eingenistet und auch Diktator Benito Mussolini. *Viale Landi 9 | hotellaurinsalo.de*

ESSEN & TRINKEN

LA CASA DEL DOLCE
Hier gibt es das wohl cremigste Schokoladeneis am ganzen See. Schau zu, wie es in dem Betrieb nebenan hergestellt wird! *Piazza Duomo 1*

OSTERIA AL CANTINONE
An den gemütlichen Außentischen im Schatten von Weinreben sitzen gerne auch die Einheimischen. Familie Giacomini, die das Restaurant seit 1994

Zum Dahinschmelzen: Im Vassalli heißt die Devise „Gib Küsschen!"

führt, bringt Klassiker der Region auf die Teller, etwa Polenta oder die tortelloni-ähnlichen *casoncelli. Mi geschl. | Piazza Sant'Antonio 19 | Tel. 0 36 52 02 34 | Facebook | €€*

PASTICCERIA VASSALLI
Fein belegte Sandwiches, vielerlei Kuchen oder auch *bacetti di Salò,* „Küss-

chen von Salò": köstliche Nusspralinen. *Im Winter Di geschl. | Via San Carlo 84–86 | pasticceriavassalli.com*

FELTER ALLE ROSE
Schon als Kind bewunderte Matteo Felter das „Alle Rose", das Traditionsrestaurant Salòs schlechthin. Nun kombiniert er in dessen Küche Tradition mit Innovation. Es gibt z. B. mit Auberginen gefüllte Ravioli in Hühnerbrühe oder Stockfisch mit Kartoffeln, Kapernblättern und Oliven. *Mo geschl. | Via Gasparo da Salò 33 | Tel. 0 36 54 32 20 | rosesalo.it | €€*

QB DUEPUNTOZERO
Am besten reservierst du einen Tisch auf der Terrasse, wählst einen der 200 (!) Weine und genießt einen Teller Tagliolini mit Trüffel und dem lokalen Tombea-Käse. Und das alles mit direktem Blick auf den Hafen von Salò! *Mo geschl. | Via Pietro da Salò 23 | Tel. 03 65 52 04 21 | qbduepuntozero.it | €€*

SHOPPEN

In der Altstadt von Salò kann man gut bummeln, es gibt mehr Läden als in den kleineren Orten. Die meisten finden sich in der *Via San Carlo,* die etwas versetzt parallel zum Ufer verläuft.

ANTICA DROGHERIA GIRARDI
Dieser Lebensmittelladen sieht aus wie eine alte Drogerie – und genau das war er auch lange. 1805 gebaut, ist die Einrichtung von 1870 bis heute fast unverändert. Nur gibt es heute statt Kernseife Pasta und Pesto. *Piazza Zanelli 11*

TERRE DEL GARDA

Wenn man bloß den Duft des Urlaubs mitnehmen könnte … Das kann man – dank dieser kleinen Parfümerie, die Parfums herstellt, die den Namen der verschiedenen Seewinde tragen. *Via Napoleone 8 | terredelgarda.net*

SPIRITO DEL GARDA

Was ein Süßigkeitenladen für Kinder ist, ist dieses Geschäft für Erwachsene: Wein, Liköre, Olivenöl, Essig und Konserven … herrlich! *Piazza Bresciani 3 | spiritodelgarda.it*

MARKT

Jeden Samstagvormittag findet südlich der Altstadt einer der größten Märkte am See statt.

SPORT & SPASS

Zu den schönsten Jogginrunden am See gehört die Strecke um die autofreie Bucht von Salò – am schönsten in den Morgenstunden. Auf den vielen Radwegen rund um Salò kann man z. B. bis nach Lonato nahe Desenzano radeln. Rund 1 km nordöstlich von Salò liegt in *Barbarano* der 👥 *Rimbalzello Adventure Parco Avventura (Juni–Aug. tgl. 10–20, Sept.–Nov. 10–18 Uhr, Reservierung obligatorisch unter Tel. 39 14 05 51 01 | rimbalzelload venture.com)*. Hier erklimmen Abenteuerlustige schwankende Hängebrücken und wackelnde Baumstämme.

STRÄNDE

Mit dem Ausbau der Seepromenade wurden zwei kleine Strände aufge-schüttet, gegenüber der Bucht beim Friedhof, gut zu erkennen an der markanten Reihe von Zypressen. Daran schließt sich die Valtenesi an, die Hügellandschaft rund um Manerba. Dort findest du zahlreiche weitere Badegelegenheiten: In *Porto San Felice* gibt es einen flachen Kiesstrand; auf der bewirtschafteten *Spiaggia La Romantica* in Manerba sind keine Hunde erlaubt. Musik gibt es abends auf dem freien Strand *Baia Bianca (baia bianca.it)*. Zu Fuß erreichst du durchs seichte Wasser das Inselchen *San Biagio:* sehr schön, allerdings kostenpflichtig, da es zu einem Campingplatz gehört. In *Moniga del Garda* gibt es freie Kies- und Felsstrände. Noch weiter südlich, bei Padenghe, liegt der 🏖 *Lido di Padenghe,* ein besonders schöner Kiesstrand mit Sonnenschirmverleih.

AUSGEHEN & FEIERN

Der ganze *Lungolago* von Salò ist abends eine einzige Flaniermeile, man schlendert auf und ab, hin und her. Vor allem in Sommer trifft sich die Jugend auf der *Piazza Vittorio Emanuele II*, die alle hier nur Fossa nennen. Nach einer Umgestaltung ist der Platz nun zum größten Teil nur noch für Fußgänger zugänglich.

PLAZA DISCO

Erst gegen Mitternacht geht das Nachtleben in der Disco im westlichen Vorort so richtig los. In drei verschiedenen Sälen gibt es Hits und Beats für jedes Alter. *Via Domenico Signori 41 | Roè Volciano | plazadisco.it*

Durch die Ruine kraxeln und die Aussicht genießen: Ausflug zur Rocca in Manerba

RUND UM SALÒ

1 ISOLA DEL GARDA

15 Min. mit dem Schiff von Salò

Auch wenn die einzige größere Insel im See mit der pompösen Villa und dem wunderbar gepflegten Park in Privatbesitz ist, kann sie im Sommerhalbjahr im Rahmen organisierter ☎ *Touren* von verschiedenen Orten am See aus besichtigt werden. Von Salò starten sie sonntags um 9.30 Uhr. Eine Reservierung ist obligatorisch! *Tel. 32 86 12 69 43 | isoladelgarda. com | ⌖ G6*

2 SAN FELICE DEL BENACO

7 km südöstlich von Salò/15 Min. über die Uferstraße

Zwischen Salò und Desenzano liegen die meisten Campingplätze am Gardasee, Hotels und Pensionen gibt es hier bedeutend weniger. Die Strände sind meist ziemlich voll, diejenigen, die nicht zu einem Campingplatz gehören, sind oft frei – doch der Parkplatz ist gebührenpflichtig. Am Wochenende kommen viele Tagesausflügler hinzu. Im Hinterland kurvt man durch Weinhügel und Olivenhaine. Zu besichtigen sind die Ortsmitte von San Felice (3400 Ew.) und seine Kirchen. Ein kleiner Badestrand findet sich bei Porto Portese.

kanten Felsen beim Ortsteil Montinelle, genießt man einen tollen Blick über den Süden des Sees. Die Ruine liegt mitten im archäologischen Naturschutzgebiet Rocca di Manerba. Um die Erkundung des Territoriums zu erleichtern, gibt es das für den Gardasee innovative Bikesharing-System *Manerba in Bici.* Infos: *Manerba Servizi Turistici | Via Zanardelli 17 | Tel. 03 65 55 27 45 | manerbaservizituristi ci.it*

INSIDER-TIPP

Ganz spontan mal aufs Rad schwingen

Im Hinterland von Manerba liegt umgeben von Olivenbäumen die Ölmühle der Familie Manestrini *Frantoio Manestrini (Soiano del Lago | Via Avanzi 7 | Tel. 03 65 50 22 31 | manestrini. it).* Wer reserviert (!), kann die Anlage besichtigen und das Öl verkosten. Für einen Aufpreis bekommt man anschließend auch einen *aperitivo* mit Leckereien aus der Region serviert. Alternativ verkaufen die Betreiber auch Körbe mit verschiedenen Köstlichkeiten, mit denen man sich in den Olivenhain setzen und dort picknicken kann. ⌖ F6

Hausgemachte Pasta und eine üppige Fischvorspeisenplatte kannst du dir in Porto Portese im *Ristorante Osvaldo (tgl. | Piazzale Marinai d'Italia 5 | Tel. 0 36 56 21 08 | €€)* schmecken lassen. Gutes Olivenöl gibt es bei *Frantoio Cooperativa Agricola San Felice del Benaco (Via delle Gere 2 | oliofelice.com).* ⌖ F6

☒ MANERBA DEL GARDA

12 km südöstlich von Salò/20 Min. über die SP 572

Das 5000-Ew.-Städtchen ist für seine malerische Uferzone mit dem kleinen Hafen Porto Dusano und den langen Stränden bekannt. Von der *Rocca di Manerba,* der Burgruine auf dem mar-

☒ FRANCIACORTA OUTLET VILLAGE

55 km westlich von Salò/50 Min. über die A 4 bis Ausfahrt Ospitaletto

Um die 200 Shops mit bis zu 70 Prozent Rabatt auf Markenartikel versammelt diese Shoppingmeile nahe der A 4 kurz hinter Brescia. Aus Salò dauert die Fahrt etwa 40 Minuten. *Tgl. 10–20, Fr/Sa bis 21 Uhr | Autobahnausfahrt Ospitaletto | franciacortaoutlet.it |* ⌖ B–C6

GARDONE RIVIERA

(🗺 F–G 5–6) **Du willst dich auf eine kleine Zeitreise begeben und dich fühlen wie die ersten deutschen Reisenden am Gardasee? In Gardone Riviera bist du dafür genau richtig!** Hochherrschaftliche Villen und alte Hotels reihen sich entlang des Seeufers und sind Zeugen der touristischen Vergangenheit des Städtchens. Der österreichische Ingenieur Louis Wimmer kam um 1880 nach Gardone, verliebte sich in die Landschaft und ließ das pompöse Grand Hotel Gardone Riviera errichten.

Das Schönste an Gardone sind aber seine Parks und Gärten. Wer vom Ufer die steilen Straßen und Wege hinaufgeht, spaziert im Schatten von alten Zypressen und Magnolien. Der Ort liegt im Windschatten von Hügeln und Bergen besonders geschützt, sodass hier Mittelmeerpflanzen gedeihen können. Am Lungolago D'Annunzio lässt es sich gut aushalten; dabei kann man fast vergessen, dass der eigentliche Ort gar nicht am See, sondern erhöht liegt: Gardone Sopra ist etwas ins Hintertreffen geraten. Doch hier liegen die Wurzeln des 2700-Ew.-Dorfs; die Häuser scharen sich um die Pfarrkirche San Nicola. Um diese führt ein schmaler Weg mit herrlichem Seeblick. Das Ziel schlechthin ist das Vittoriale degli Italiani, der ausgefallene Altersruhesitz des Dichters Gabriele D'Annunzio.

INSIDER-TIPP
Panoramaspaziergang hoch überm See

SIGHTSEEING

GIARDINO BOTANICO ANDRÉ HELLER ★

Ursprünglich war dieser botanische Garten in Gardone Sopra nur einer der

Eine Wundertüte aus Natur, Kunst, Wasser schuf der Tausendsassa André Heller in Gardone

vielen wundervollen Parks des Orts, doch seit ihn der österreichische Medienkünstler André Heller Ende der 1980er-Jahre gekauft hat, wurde er mehr: Zwischen riesigen Bäumen klappern Wasserspiele, in manchen versteckten Winkeln sieht man eine moderne Plastik von Keith Haring oder Mimmo Paladino. André Heller schwärmt von seiner „Florasammlung von Weltgegenden", einem Paradies, das ihn beständig erstaune: „Edelweiß inmitten von Orchideenwiesen, meterhohe Baumfarne neben Granatapfelwundern. Bäche und Wasserfälle, Teiche mit heiligen Koikarpfen, Forellen und Spiegelungen des Libellenfluges, Hügel aus Dolomitgestein neben Kakteen und Efeutürmen." *März –Okt. tgl. 9–19 Uhr | Via Roma 2 | hellergarden.com |* ⏱ *1 Std.*

VITTORIALE DEGLI ITALIANI ⭐

Du willst in das Leben einer der schillerndsten Persönlichkeiten der italienischen Geschichte eintauchen? Dann besuch das „Siegesdenkmal der Italiener". Der Kriegsheld, Dichter, Philosoph, Faschist und Eigenbrötler Gabriele D'Annunzio (1863–1938) baute sich hier 1921 nicht nur ein Wohnhaus, sondern einen fast unüberschaubaren, skurrilen Wohnkomplex. Zu den Anziehungspunkten gehören neben dem Wohnhaus ein *Kriegsmuseum* mit dem legendären Flugzeug, aus dem D'Annunzio im Ersten Weltkrieg Flugblätter über Wien abwarf, ein Kriegsschiff, das Mausoleum und die Oldtimer Isotta Fraschini und Fiat T4. Im Freilichttheater finden im Sommer regelmäßig Kulturveranstaltun-

Das Vittoriale: bizarres Kuriositätenkabinett des Dichters D'Annunzio

gen statt *(anfiteatrodelvittoriale.it).* Im *Park des Vittoriale* kann man herumstreifen, ins *Wohnhaus* gelangt man nur mit Führung. Da die Eintrittskarten begrenzt sind, empfiehlt es sich, die Tickets vorab online zu kaufen. *Mitte März–Mitte Okt. tgl. 9–19, Mitte Okt.–Mitte März Di–Fr 9.30–17, Sa/So 9–17.30 Uhr | vittoriale.it |* ⏱ *3–3½ Std.*

MUSEO IL DIVINO INFANTE

Das erste (und angeblich einzige) Jesuskindmuseum weltweit: Die deutsche Hiky Mayr hat über 200 Skulpturen aus drei Jahrhunderten gesammelt und hier ausgestellt. *Ostern–Sept. Fr–So 15–19, Mitte Nov.–Mitte Jan. Di–So 14–18 (20. Dez.–6. Jan. tgl. 10–18) Uhr | Via dei Colli 34 | il-bambino-gesu. com*

ESSEN & TRINKEN

ANTICO BROLO

Köstliche, kreative Hausmannskost mitten im Zentrum. Enrico und Marcello sind aufmerksam und stets um das Wohlergehen ihrer Gäste bemüht. *Di-Mittag und Mo geschl. | Via Carere 10 | Tel. 03 65 21 42 1 | ristorantean ticobrolo.it | €€–€€€*

AGLI ANGELI

Die Speisen von Patrizia und Elisabetta Pellegrini in Gardone Sopra werden immer eleganter und raffinierter. Unbedingt reservieren! *Di geschl. | Via Dosso 7 | Tel. 03 65 20 09 91 | agliangeli locanda.it | €€–€€€*

LIDO 84

Umwerfender kann die Aussicht auf den See nicht sein – und das Essen hält Schritt: Das Restaurant hat einen Michelinstern und überrascht mit der Kombination von typisch lombardischen Zutaten mit exotischen Gewürzen. *Di/Mi geschl. | Corso Zanardelli 196 | Tel. 03 65 20 01 9 | ristorantelido 84.com | €€€*

RISTORANTE PIZZERIA NABLUS

Einheimische kommen immer wieder gerne für die leckeren Pizzen hierher. Den wunderschönen Seeblick gibts kostenlos dazu. *Di geschl. | Via Supiane 1 | Tel. 03 65 43 67 1 | ristorantena blus.com | €€*

SHOPPEN

VINTAGE MARKT

Entlang der Seepromenade findet einmal im Monat ein kleiner Flohmarkt mit Antiquitäten und Objekten aus den 1960er- und 1970er-Jahren statt. Die Termine sind variabel.

LABORATORIO ARTIGIANALE KARIN STEINBACHER

Karin Steinbacher ist eine der vielen Deutschen, die sich in Gardone niedergelassen haben. In ihrem kleinen, süßen Laden verkauft sie selbst gekochte Marmeladen aus Zitrusfrüchten, *mostarda* (Senffrüchte) und Limoncello – nach Meinung vieler der beste am Gardasee! *Tgl. 10–15, im Winter bis 13 Uhr | Via Caduti 23*

INSIDER-TIPP

Deutscher Gardasee-Limoncello

SPORT & SPASS

Garda Flying Paradise (Via Val di Sur 111 | Tel. 34 72 28 43 61 | gardaflying paradise.com) im *Ortsteil San Michele* lädt Wagemutige zu einem Paragliding-Tandemflug ein.

STRÄNDE

Der Zugang zur *Spiaggia Rimbalzello* kostet stattlichen Eintritt, beinhaltet dann aber Sonnenschirm und Liege. Freie Strände findest du bei der Villa delle Rose in Fasano und ein paar

Der Name ist Programm: In der Trattoria „Zu den Engeln" wird himmlisch aufgekocht

Quadratmeter beim Casino in der Via Zanardelli.

AUSGEHEN & FEIERN

Gardone bietet eher Kultur als pralles Nightlife. An wechselnden Abenden kann man 🐦 an der Seepromenade Livemusik gratis genießen; im Vittoriale gibt es gelegentlich Theateraufführungen und Konzerte *(anfiteatro delvittoriale.it)*. Zu den stylishsten Locations am See gehört die *Torre San Marco (Di–So 23–3 Uhr | Via Zanardelli 132 | torresanmarco.it)* mit Pianobar und Club. Der Märchenbuchturm gehörte einst dem Dichter Gabriele D'Annunzio. Nett sind auch das *Caffè Wimmer (Piazza Wimmer 5)* oder in Gardone Sopra die *Bar Le Rose (Via dei Caduti 19)*.

RUND UM GARDONE

5 SAN MICHELE

gut 3 km nördlich von Gardone/ knapp 1 Std. über den ausgeschilderten Wanderweg

Wer Lust hat, kann zu Fuß in den Ortsteil San Michele hochsteigen. Der Weg, der ab dem Vittoriale ausgeschildert ist, kürzt die Serpentinen der Straße ab. Oben angekommen, schmecken die deftige Hausmannskost und das köstliche Tiramisu im *Miramonti (im Winter Mo geschl. | Via Panoramica 96 | Tel. 03 65 20 09 05 | hrmiramonti.it | €)* dann doppelt gut. Sonntags solltest du hier reservieren!
📖 F5

In den Barockgarten der Villa Bettoni-Cazzago kann man im Vorbeifahren einen Blick werfen

6 TOSCOLANO-MADERNO

5 km nordöstlich von Gardone/
10 Min. über die Gardesana
Occidentale

Die Doppelgemeinde (8000 Ew.) liegt wenige Kilometer nördlich am Ende des Toscolanobachs. An dessen Oberlauf findest du das sehenswerte *Valle delle Cartiere,* das Tal der Papierfabriken. Schon im 14. Jh. belieferten die Papiermühlen Europa, später sogar den Orient. Es gibt einen Spazierweg entlang der Ruinen. Am besten beginnt man die Wanderung auf der Gardesana am Abzweig der Straße nach Gaino. Dort fallen auf dem Gehweg zwei große Mahlsteine auf, mit denen Lumpen zermalmt wurden, der Rohstoff der Papierfabrikation. Am Ende des etwa halbstündigen Spazier-gangs kommt man zum sehr gut ausgestatteten *Museo della Carta (April–Mitte Okt. tgl. 10–18 Uhr | valledelle cartiere.it).*

Sehr sehenswert ist die Kirche *Sant'Andrea Apostolo* in Maderno, auch wenn sie nicht gleich ins Auge fällt, da die neuere Pfarrkirche gegenüber allzu dominant das Ortsbild beherrscht. Aber die romanische Kapelle aus dem 12. Jh. mit ihrer rosa, grau und weiß gestreiften Fassade ist viel schöner. Achte einmal auf die Details am Portal (Früchte, Blattranken, Flechtornamente): Da staunt man wirklich über die hohe Kunst der Steinmetze vor fast 1000 Jahren. Den harmonischen Innenraum prägen schwere Pfeiler und Säulen mit prächtigen Kapitellen. Noch ein ganzes Jahrtausend älter ist die römische *Villa Nonii Arrii (Juni–Sept. Sa/So 10–12 und 15–18 Uhr | Piazza Santissima Maria del Benaco)* mit ihren gut erhaltenen Mosaikböden in Toscolano.

Auf Seefisch spezialisiert hat sich die Küche des Restaurants *Il Cortiletto (Mo geschl. | Via Fratelli Bianchi 1 | Tel. 03 65 54 00 33 | ristoranteilcortiletto. com | €€)* in Maderno. In der *Osteria Gatto d'Oro (Di geschl. | Via Fratelli Bianchi 41 | Tel. 03 65 54 09 75 | Facebook | €€)* kümmert sich Inhaberin Sabina liebevoll um die Gäste. Man fühlt sich zwar ein bisschen wie im Trödelladen (überall sind Katzenstatuen und -bilder, Vierbeiner sind hier willkommen), aber das Essen schmeckt. *G5*

GARGNANO

(*G5*) **Der Name Gargnano (2900 Ew.) bezeichnet eigentlich drei Hafenorte, einer lieblicher als der andere: zuerst der größte, Gargnano, mit einer kleinen Uferpromenade, dann folgen Villa und Bogliaco, um die die Gardesana herum- und nur je eine Einbahnstraße hineinführt.** Bevor in den Dreißigerjahren des 20. Jhs. die Gardesana gebaut wurde, fuhr man noch mit dem Boot von einem Ort zum anderen. Wandern und Flanieren, Baden und Schlemmen, dazu kommt man hierher, auch abends geht alles seinen gemächlichen Gang. Aus dem Tritt kam Gargnano nur einmal für kurze Zeit: Während der faschistischen „Republik von Salò"

gegen Ende des Zweiten Weltkriegs hatte Diktator Benito Mussolini seinen Wohnsitz hier in der Villa Feltrinelli.

SIGHTSEEING

PALAZZO FELTRINELLI

Der Palast auf der Via Castello wurde von der faschistischen Regierung in den 1940er-Jahren beschlagnahmt und als Generalquartier von Benito Mussolini genutzt. Heute bietet die Universität Mailand *(unimi.it)* hier im Sommer Italienischsprachkurse für Studenten aus aller Welt an.

INSIDER-TIPP
Italienischkurs im Palazzo

VILLA BETTONI-CAZZAGO

Ein Prachtbau! Das Besondere der Villa in Privatbesitz im Ortsteil Bogliaco sind die architektonische Konsequenz, die sich über die gesamte Villa erstreckt, und die perfekt angelegte Gartenanlage, die im Frühjahr – meist im April – zu einer Gartenschau geöffnet wird.

MARINA DI BOGLIACO

Elegant und exklusiv ist der Hafen von Bogliaco, um den sich die wenigen Häuser der Gemeinde gruppieren. Dort lassen sich schnittige Yachten und schicke Segelboote bewundern – besonders im September, wenn die größte Regatta auf dem Gardasee ausgetragen wird und sich mehrere Hundert Teilnehmer und Segelfans treffen.

ESSEN & TRINKEN

Keine 3000 Einwohner, aber zwei Sternerestaurants: Gargnano ist eine

Hochburg der Feinschmecker. Die *Villa Feltrinelli (villafeltrinelli.com),* nicht zu verwechseln mit dem gleichnamigen Palazzo, wäre allein schon aufgrund der wunderschönen Location – es ist die vermutlich romantischste Villa am See! – einen Besuch wert. Küchenchef Stefano Baiocco wurde mit zwei Michelinsternen ausgezeichnet. Seine Spezialität: ein Salat mit über 20 verschiedenen essbaren Blüten! Einen Stern hält seit 1980 das familiär geführte Restaurant *Tortuga (ristorantelatortuga.it).* Aber keine Sorge: Gargnano bietet auch Alternativen für diejenigen, die nicht so viel ausgeben können oder wollen:

TRATTORIA SAN MARTINO

Feine Küche mit lokalen Produkten. Sehr lecker sind die *spaghetti alla carbonara di lago* mit geräucherter Gardasee-Schleie. Romantisch ist es auf der Terrasse. *Mo geschl. | Via Roma 33 | Tel. 0 36 57 14 36 | trattoriasanmartino.it | €€*

RISTORANTE FORNICO

Du liebst es rustikal? Jeden Sonntag grillt Marco Fleischspieße und serviert sie mit Polenta – so wie es die Einheimischen lieben. Ansonsten ist die Küche gutbürgerlich und durchweg lecker. *Mo-Abend und Di-Abend geschl. | Via Sole 13 | Tel. 0 36 57 10 58 | ristorantefornico.it | €–€€*

ALLO SCOGLIO

Hier isst man in einem hübschen Garten in Bogliaco am See, das Haus selbst ist das ehemalige Pförtnerhäuschen der Villa Bettoni-Cazzago. Spezialität sind Fischgerichte. *Mo geschl. |*

Ob das Budget nach einem Wellnesstag im Lefay noch für einen Drink auf der Terrasse reicht?

Via Barbacane 2 | Tel. 0 36 57 10 30 | alloscoglio.it | €€

Feltrinelli 118 | Tel. 03 65 24 18 00 | lefayresorts.com

SPORT & SPASS

Am nördlichen Ortsrand beim Fontanella-Strand findest du die Surfschule *OK-Surf (Tel. 32 84 71 77 77 | oksurf.it).* ⛵ Segelkurse, auch für Kinder, organisiert der *Circolo Vela (Via Conte Bettoni 23 | Tel. 0 36 57 14 33 | circolovela gargnano.it)* in Bogliaco. Ebenfalls in Bogliaco gibt es zwei *Tennisplätze (Tel. 36 63 40 24 23 | Facebook: ASD Tennis Bogliaco 2014),* auf denen man auch abends spielen kann.

STRÄNDE

Ein freier Strand am nördlichen Ortsrand ist der ⭐ 🏞 *Parco Fontanella.* Man liegt im Schatten unter Olivenbäumen, es gibt Tischtennis, eine Bar und einen kostenpflichtigen Parkplatz. Im Ortsteil Bogliaco liegt der schöne freie Kiesstrand *Spiaggia Corno.* Beim kleinen Kiesstrand *Spiaggia della Gial* an der Via Rimembranze sind auch Vierbeiner willkommen.

WELLNESS

LEFAY RESORT

In der grandiosen Fünfsterneanlage weit überm See kannst du im Infinitypool schwimmen und dabei direkt auf den See schauen – das Becken verschmilzt förmlich mit dem Horizont – oder im großen Spa- und Wellnessbereich entspannen. Hinterher fühlst du dich bestimmt leichter – allerdings auch dein Portemonnaie. *Via Angelo*

AUSGEHEN & FEIERN

Großen Trubel gibt es in Gargnano nicht – aber das ist es ja gerade, weshalb die Stammgäste den Ort schätzen. Vielleicht gönnt man sich nach dem Abendessen noch einen Eisbecher am See. Die größten und besten gibt es in der *Bar Azzurra (Piazza Angelo Feltrinelli 11).*

RUND UM GARGNANO

🔟 MADONNA DI MONTECASTELLO

13 km nordöstlich von Gargnano/ 25 Min. über die Gardesana Occidentale und die SP 38

Die Einsiedelei ist ein beliebtes Ausflugs- und Pilgerziel auf 700 m. Man hat einen wunderbaren Blick über den Gardasee und die Berge. *Ostern–Okt. tgl. 9–18 Uhr | tignale.org |* 📖 *H4*

🔟 TREMOSINE

18 km bis Pieve nordöstlich von Gargnano/30 Min. über die Gardesana Occidentale

Würziger Bergkäse, unberührte Natur und grandiose Ausblicke – die ruhige Hochebene der Gemeinde Tremosine ist ein Traum für Genießer, Naturliebhaber und Sportler. Die 18 Dörfer liegen – außer Campione mit dem Hafen – alle eingebettet zwischen steilen

Felsschluchten und Wiesen im Nationalpark Alto Garda Bresciano hoch über dem See. Lokale Spezialitäten wie hausgemachten Käse, Salami und Wurstwaren verkauft der *agriturismo* 🌳 *Alpe del Garda (tgl. | Via Provinciale 1 | Ortsteil Polzone | Tel. 03 65 95 30 50 | alpedelgarda.it | €)* mit Schaukäserei, Hofladen und 🎠 Spielplatz.

Auch der Hauptort *Pieve* liegt hoch überm See. Angelockt werden Besucher von den sogenannten ⭐ 🐷 *Schauderterrassen.* Mit diesem Slogan wirbt das *Hotel Paradiso (Viale Europa 1 | terrazzadelbrivido.it),* dessen Terrasse tatsächlich ganz oben aufregend weit in den See hinausragt. In der Nähe der Terrasse des Hotels *Miralago (Piazza Cozzaglio 2 | miralago.it)* kannst du auf dem schmalen *Sentiero del Porto* die fast senkrechte Felswand hinunterwandern.

INSIDER-TIPP
Wandern für Schwindelfreie

Der Weg ist mit der Nummer 201 markiert und war früher die einzige Verbindung hinunter zum See.

Heute erreicht man den Ort auch über die atemraubende ⭐ *Strada della Forra (s. S. 127),* die 1913 durch die enge Schlucht des Wildbachs Brasa gebaut wurde. Hier raste bereits Daniel Craig während einer halsbrecherischen Autoflucht für den James-Bond-Film „Ein Quantum Trost" entlang. Im echten Leben lohnt sich das Rasen auf keinen Fall: Die Straße ist eng, mit Ampeln reguliert und fordert selbst erfahrene Fahrer heraus.

Wer ein aktives Urlaubsprogramm sucht, kann bei Thomas Engels von *Skyclimber (Via Dalco 3 | Tel. 34 81 99 71 99 | skyclimber.it)* das Passende buchen: Angeboten werden unter anderem Canyoningausflüge, MTB-Trainingsparcours und geführte Touren in Klettersteigen, darunter vie-

Auf zum Seen-Hopping: Lago di Valvestino und Lago d'Idro im Hinterland von Gargnano

le 👥 Programme auch mit Kindern.
🔲 *H3–4*

9 LAGO D'IDRO UND LAGO DI VALVESTINO

37 km bis zum Idrosee nordwestlich von Gargnano/1 Std. über die SP 9 und SP 58

Eine kurvenreiche Straße führt von Gargnano durch eine ursprüngliche, touristisch noch wenig erschlossene Landschaft hinauf zum kleinen *Lago di Valvestino*. Der Stausee ist mit seinem glasklaren Wasser von wilder Schönheit. Hier wird der Toscolanobach aufgestaut, was das Betreiben der Papiermühlen im Tal von Toscolano-Maderno ermöglichte.

Vom nördlichen Ende des Sees gelangst du über das Dorf Magasa zur Hochebene Cima Rest. Von Mai bis September kannst du hier auf 1300 m Höhe zu ausgewählten Terminen im *Osservatorio Astronomico di Cima Rest* (Anmeldung: Info-point Valvestino | Tel. 03 65 74 50 60 | visit valvestino.it) **von einer Sternwarte aus den Sternenhimmel bewundern.**

INSIDER-TIPP
Sterne zum Greifen nah

Aus dem Valvestinotal geht es dann über das Dorf Capovalle in einigen Serpentinen steil hinunter. Bald siehst du unten den *Lago d'Idro* schimmern. Die Umgebung hat hier eher etwas Gebirgig-Tirolerisches, doch die Orte sind italienisch, mit schmalen Gassen und romanischen Kirchen. Im Ortsteil *Pieve Vecchia* am Südzipfel des Sees kannst du eine Rast machen und in einem Straßencafé den Motorradfahrern hinterherschauen oder in der *Pizzeria Milano (Di geschl. | Via Trento 35 | Tel. 03 65 82 33 91 | hotelmila no.bs.it | €)* einen Happen essen.
🔲 *F–G 3–4*

ERLEBNIS TOUREN

Lust, die Besonderheiten der Region zu entdecken? Dann sind die Erlebnistouren genau das Richtige für dich! Ganz einfach wird es mit der MARCO POLO Touren-App: Die Tour über den QR-Code aufs Smartphone laden – und auch offline die perfekte Orientierung haben.

❶ GIPFELGLÜCK AUF DEM MONTE BALDO

➤ Aus der Seilbahn das 360-Grad-Panorama genießen
➤ Mit etwas Glück wilde Murmeltiere bestaunen
➤ In 2000 Meter Höhe frische Bergluft schnuppern

📍	Bergstation Seilbahn Monte Baldo	🏁	Bergstation Seilbahn Monte Baldo
⇄	3 km	🥾	5–6 Stunden, reine Gehzeit 3½ Stunden
📶	mittel	↗	440 m
ℹ	Die Tour verlangt Trittsicherheit und Schwindelfreiheit. *Seilbahn tgl. 9 bis – je nach Saison – 16.45/17.45/18.45 Uhr | Tel. 04 57 40 02 06 | funiviedelbaldo.it*		

Einfach QR-Code scannen
und alle Karten & Infos
zu unseren Touren
auch unterwegs parat haben!
go.marcopolo.de/gar

Schwindelerregend hoch überm Westufer liegen die Dörfer der Gemeinde Tremosine

OBEN ANGEKOMMEN: ERST MAL EIN KÄFFCHEN!

Schon die Auffahrt von der Talstation in Malcesine ➤ S. 54 ist ein Genuss. Von den sich drehenden Panoramagondeln sieht man wunderbar auf den See. Vor allem im Hochsommer solltest du möglichst früh an der Talstation sein, um lange Wartezeiten zu vermeiden. Oben angekommen, heißt es erst einmal tief Luft holen und von der Terrasse der ❶ Bergstation der Seilbahn die grandiose Fernsicht genießen: Im Norden grüßen die wilden Gipfel der Brentadolomiten und die (noch) ewig schneebedeckten Kuppen von Adamello und Presanella; gen Süden ziehen sich schier endlose Bergkämme dahin und tief unten ruht der See. Du wärst nicht der Erste, der sich erst mal einen Cappuccino bestellt und den Tag ganz in Ruhe angehen lässt. Und genießt!

Der etwa 30 km lange Bergrücken hat keinen wirklichen Gipfel, aber mehrere hohe Spitzen wie den Monte Altissimo di Nago (2079 m), die Cima delle Pozzette (2132 m), die Cima Valdritta (2218 m) und die Punta Telegrafo (2200 m). Die Cima delle Pozzette ist der erste Gipfel, den du ab der Bergstation erreichst. Zwar ist der Weg über den Kamm dorthin nicht wirklich schwierig,

❶ Bergstation
der Seilbahn

200 m

aber doch anspruchsvoll genug, um Sandalenwanderern ernsthafte Probleme zu bereiten.

Zunächst gehst du an der Bergstation leicht bergab nach rechts vorbei am Gasthaus **Baita dei Forti** ➤ **S. 59** *und folgt für die gesamte Wegstrecke dem rot-weiß-rot markierten Weg 651 hinab in die Senke* **❷** **Bocca di Tratto Spino** *(1720 m). Noch ist der Weg breit und gemächlich, doch schon der Gegenaufstieg Richtung Punta Telegrafo erfolgt über einen schmalen Pfad zwischen Felsbrocken hindurch.* <mark>Mit etwas Glück siehst du hier Murmeltiere.</mark>

❷ Bocca di Tratto Spino

900 m

INSIDER-TIPP
Und manchmal grüßt das Murmeltier

DIE GANZE PRACHT DER ALPENFLORA

Der Weg ist mal felsig, dann führt er wieder über Wiesen oder an Büschen entlang. Bleib ab und zu stehen und genieß die Aussicht! Auch lohnt es sich, bei diesen Stopps die Flora genauer zu betrachten. Der Gebirgsstock ist in der letzten Eiszeit eisfrei geblieben, sodass hier eine überwältigende Pflanzenfülle gedeiht. Vor allem im Mai und Juni blühen auf den Wiesen Pfingstrosen, Feuerlilien und Holunderknabenkraut.

❸ Bergstation des Sessellifts Pra Alpesina

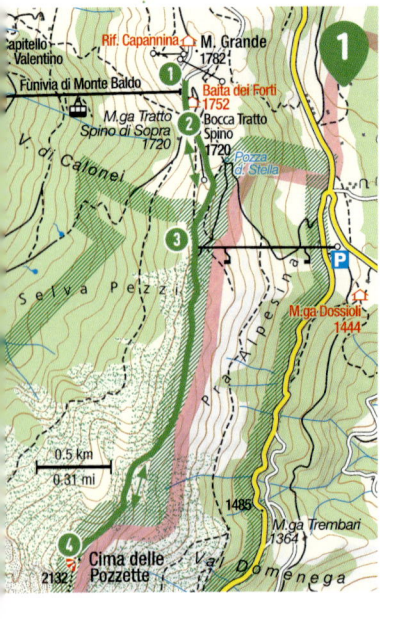

Nach etwa einer halben Stunde erreichst du die **❸** **Bergstation des Sessellifts Pra Alpesina,** *der den Monte Baldo mit Avio verbindet. Auf das Lifthäuschen hat jemand in roten Lettern „Bel Vedere" gesprüht – der Blick ist in der Tat umwerfend! Nun geht es relativ eben über den grasbewachsenen Felsgrat, über weitläufige Wiesen und durch Latschengewächse hindurch. Vor dir siehst du bereits die schroffen Felsen der Cima delle Pozzette. Wiesen und Steinwege wechseln sich ab. Nach gut einer Stunde Wanderung liegt wenige Meter rechts vom Weg eine Wiese, auf der unzählige Steinmännchen stehen. Das ist der ideale*

Ein Höhepunkt am Monte Baldo im doppelten Wortsinn: die Cima delle Pozzette

Ort für eine ausgedehnte Pause und um selbst ein Steinmandl zu bauen. Links unten liegen das Etschtal und Rovereto, rechts Malcesine und der See.
Der Weg steigt nun stetig weiter an. Jetzt ist deine Trittsicherheit gefordert, denn mal geht es durch Büsche hindurch, mal über größere Felsbrocken, aber meistens über kleine Geröllsteine. Du gewinnst schnell an Höhe und gelangst zu einem zerklüfteten Grat und dann zu einem Sattel. *Nach zwei bis zweieinhalb Stunden hast du das Ziel erreicht:* die ❹ Cima delle Pozzette.

2350 m

❹ Cima delle Pozzette

EIN NICHT ALLTÄGLICHES GIPFELKREUZ
Kurios ist das Gipfelkreuz: Ein rostiges Stuhlgestell bildet die Halterung für ein Kreuz aus dickeren Ästen, ein paar Steine dienen als Befestigung und Plastikblumen als Schmuck. Der Blick hinab auf den 2000 m unter dir liegenden See ist atemraubend. Nun hast du dir eine Brotzeit verdient. Beobachte währenddessen das Geröllfeld des Val d'Angual: Dort springen manchmal Gämsen von Stein zu Stein. *Zurück zur* ❶ Bergstation der Seilbahn *geht es in gut einer Stunde auf dem gleichen Weg.*

3450 m

❶ Bergstation der Seilbahn

❷ DURCHS SARCATAL NACH TRENTO UND ROVERETO

➤ Die kargen Marocche: eine Mondlandschaft für Kletterer
➤ Riesige Dinosaurierskelette im MuSe-Museum bestaunen
➤ In Rovereto die Werke italienischer Futuristen entdecken

📍	Torbole	🏁	Torbole
🔄	gut 100 km	🚗	2 Tage reine Fahrzeit 2 Stunden

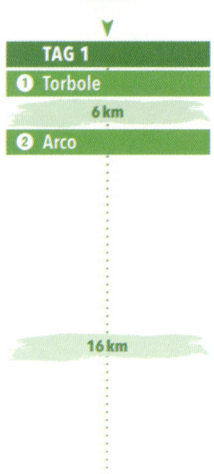

TAG 1

❶ **Torbole**

6 km

❷ **Arco**

16 km

❸ **Marocche**

9 km

Die Tour beginnt in ❶ Torbole ➤ S. 50. *Schon nach wenigen Kilometern* erreichst du das quirlige ❷ Arco ➤ S. 53, das einen ersten Stopp lohnt. Die hübsche Altstadt schmiegt sich an einen schmalen Steilfelsen, auf dessen Spitze eine Burgruine thront. Schon der österreichische Kaiser schätzte das milde Klima und wählte 1872 den Ort als Wintersitz für den kaiserlichen Hof. Prächtige Villen, ausladende Promenaden und der botanische Garten zeugen von dieser Zeit. Heute ist das Städtchen fest in der Hand von Outdoor-Urlaubern. Besuch das Kaffeemuseum von Omkafè, das **Museo del Caffè** *(Mo–Sa 8–12 und 14.30–18.30, Sa 8–12 Uhr | Via Aldo Moro 7 | omkafe.com)* und trink dort einen Kaffee!

DIE FELSBROCKEN DER MAROCCHE

Weiter geht es nordwärts durch das Sarcatal Richtung Dro. Rechts und links von der Straße reihen sich Pflaumenbäume und Weinreben aneinander. Aus den Nosiolatrauben produzieren Winzer hier den *vino santo*, einen süßen, weißen Dessertwein. Ein paar Kurven später hast du das wilde Gebiet der ❸ Marocche erreicht. Hier ging vor Urzeiten ein gewaltiger Bergsturz zu Tal, die enormen Brocken liegen wie von Riesenkindern verstreute Bauklötze herum.

EINE PAUSE AM TREFFPUNKT DER KLETTERER

Zwischen Dro und Pietramurata erheben sich auf der linken Seite, am Fuß des Monte Brento, die bis zu

500 m hohen sogenannten Sonnenplatten, die Plac-
che Zebrate. Hier tummeln sich die Kletterer, die ger-
ne in der Bar ❹ Parete Zebrata *(Di geschl. | Ortsteil
Gaggiolo 4 | Facebook)* eine heiße Schokolade trinken
und den anderen zuschauen – oder den Basejumpern,
die sich kühn vom Monte Brento ins Leere stürzen.

❹ **Parete Zebrata**

7 km

EIN MIITTAGSMAHL IM WASSERSCHLOSS

Weiter geht es auf der Hauptstraße nach ❺ Sarche. Im
kleinen Supermarkt an der Kreuzung kannst du dich
mit einer Brotzeit eindecken: Hier findest du Köstlichkeiten von eingelegtem Spargel über Himbeermarme-

❺ **Sarche**

2 km

❻ Lago di Toblino

17 km

❼ Trento

lade und Brotwaren bis zu Käse und Salami. Wenn du freundlich fragst, belegen dir die Angestellten auch gleich ein *panino* nach Wunsch. Nur einen Katzensprung entfernt ist der nächste Stopp: der **❻ Lago di Toblino**. Auf einer Insel, *die du zu Fuß über einen Damm erreichst,* liegt das **Wasserschloss** mit seinen markanten Türmen. Ursprünglich eine Burg aus dem 12. Jh., wurde es im 16. Jh. in ein komfortables Wohnschloss umgebaut. Heute gibt es dort ein gutes Restaurant: **Ristorante Castel Toblino** *(tgl. | Via Caffaro 1 | Tel. 04 61 86 40 36 | casteltoblino.com | €€–€€€).*

EIN CAPPUCCINO AUF EINEM DER SCHÖNSTEN PLÄTZE ITALIENS

Nach weiteren knapp 20 km erreichst du **❼ Trento** (115 000 Ew.). Seit Jahrhunderten ist die schöne Stadt zwischen Dolomiten und Gardasee ein Schmelztiegel italienischer, deutscher und österreichischer Kultur und verbindet italienisches Dolce Vita mit mitteleuropäischer Bodenständigkeit. Lass dich in den Gassen der romantischen Altstadt einfach treiben und genieß Paläste, Kirchen und die vielen Schaufenster. Ein Wahrzeichen der Stadt ist der barocke **Neptunbrunnen** von 1768 auf dem **Domplatz**, einem der schönsten Plätze in Italien. Den besten Blick auf dieses Herz der Stadt hast du im **Caffè Italia** *(Piazza Duomo 7).*

An Trentos herrlichem Domplatz werden aus einem Bierchen schnell mal zwei

Wenn du wieder Kraft geschöpft hast, wartet *zehn Gehminuten entfernt* das ★ 👥 **Museo delle Scienze MuSe** *(Di–Fr 10–18, Sa/So 10–19 Uhr | Corso del Lavoro e della Scienza 3 | muse.it):* In Italiens modernstem naturwissenschaftlichem Museum erkunden große und kleine Besucher mit Hilfe von virtuellen Installationen unsere Erde, vom afrikanischen Busch bis zur Glet-

scherwelt der Alpen. Zwischen den vier Museums-
etagen hängen gewaltige Dinosaurierskelette in der
Luft. Wenn du alle drei in dieser Tour beschriebenen
Museen in Trento und Rovereto besuchen willst, lohnt
sich der ✿ *Museumspass (short.travel/gar27).* Mit ihm
vermeidest du die Kassenschlange, kannst zahlreiche
Museen und Burgen im ganzen Trentino besuchen und
darüber hinaus 48 Stunden lang alle öffentlichen Verkehrsmittel in Trento und Rovereto nutzen.

ABENDESSEN IN EINER VIELE JAHRHUNDERTE ALTEN OSTERIA

Zentral und günstig wohnst du z. B. im Hotel Venezia
(hotelveneziatn.it). Frag nach einem Zimmer mit Dom-
blick! Abends geht es dann ins Ristorante al Vò *(So
geschl. | Vicolo del Vò 11 | Tel. 04 61 98 53 74 | ristoran
tealvo.it | €€)* – viel älter kann eine Gaststätte kaum sein:
1345 öffnete hier die erste Osteria Trentos; heute gibt
es dort traditionelle Trentiner Küche.

Am nächsten Tag geht es über die SS 12 nach ❽ Rovereto (40 000 Ew.). Welch wichtige strategische Position
die Stadt im Etschtal einst hatte, lässt sich am venezianischen Kastell oberhalb der belebten Altstadtgäss-
chen ablesen, aber auch an der Mischung aus italienischen Palazzi und österreichischer Architektur: Bis
1919 gehörte Rovereto zur k. u. k. Monarchie Österreich
und war im Ersten Weltkrieg bitter umkämpfte Front-
stadt. Einzelheiten dazu zeigt das Museo Storico Ita-
liano della Guerra *(Di–So 10–18 Uhr | Via Castelbar-
co 7 | museodellaguerra.it).*

SPANNENDE KUNST IN SPEKTAKULÄREM BAU

Die Besonderheit Roveretos liegt aber in der Verbindung von Geschichte, Gegenwart und Zukunft. Das
wird deutlich bei einem Besuch im hochmodernen Museum für moderne und zeitgenössische Kunst, dem
★ Museo di Arte Moderna e Contemporanea di
Trento e Rovereto MART *(Di–So 10–18, Fr bis 21 Uhr |
Corso Bettini 43 | mart.tn.it).* Hier wird hauptsächlich
moderne italienische Kunst des 20. und 21.Jhs. gezeigt. Es beherbergt u.a. die wichtigste Sammlung fu-

TAG 2
29 km
❽ Rovereto

16 km

turistischer Kunst Italiens. Der Museumsbau wurde vom Tessiner Architekten Mario Botta gestaltet, der das Problem eines großen Neubaus in einer eng bebauten Altstadt zu bewältigen hatte. Er platzierte die dreistöckigen Museumsräume um eine mächtige, kreisrunde Agora, über die sich eine Glaskuppel spannt. Dieser zentrale Platz bietet Raum für Veranstaltungen mit bis zu 1200 Besuchern.

Von Rovereto sind es dann nur noch *rund 30 Minuten auf der SS 240,* bis du wieder zurück am See bist. *Bevor sich die Straße den Passo San Giovanni (287 m) hinaufschraubt,* lohnt ein kurzer Stopp am **❾ Lago di Loppio**. Das geschützte Feuchtgebiet, das nur nach ergiebigen Niederschlägen noch den Charakter eines Sees hat, ist ein ruhiger Ort – genau richtig, um sich vor dem Ziel in **❶ Torbole** ➤ S. 50 noch einmal die Beine zu vertreten.

❾ Lago di Loppio

7 km

❶ Torbole

Runde Sache: Agora in Mario Bottas hochmodernem Museumsbau MART

❸ HOCH HINAUS NACH TREMOSINE UND TIGNALE

➤ **Die Strada della Forra: spektakulärste Straße am Gardasee**
➤ **Leckerer Almkäse in der Alpe del Garda**
➤ **Vom Seeufer schraubst du dich hoch in die Berge**

📍 Limone | 🏁 Limone

🔄 rund 55 km | 🚗 1 Tag, reine Fahrzeit 60–90 Minuten

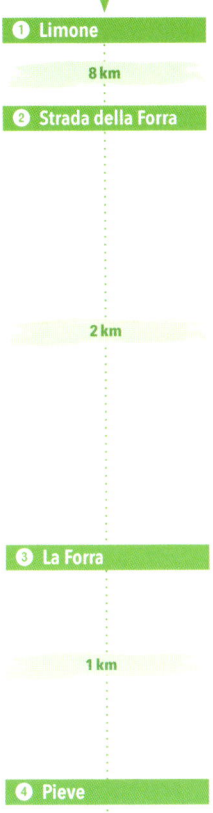

❶ Limone

8 km

❷ Strada della Forra

2 km

❸ La Forra

1 km

❹ Pieve

Du startest in ❶ Limone ➤ S. 42 und *biegst noch vor Campione von der Gardesana Occidentale rechts ab Richtung Tremosine.* Das kurvenreiche Panoramasträßchen SP 38, die ❷ ⭐ Strada della Forra, führt durch die enge Brasaschlucht hinauf nach Pieve. Winston Churchill nannte sie begeistert das „Achte Weltwunder" und Daniel Craig alias James Bond turnte in „Ein Quantum Trost" durch die beeindruckende Kulisse. Wer vom See aus die Häuser von Pieve erblickt, die am Rand der Hochebene rund 350 m über dem Wasser stehen, fragt sich, wie eine Straße dort hinaufführen kann. In der Tat ist sie ein Meisterwerk der Straßenplanung und ein einmaliges Panoramaerlebnis – und ganz schön eng: Wer Geduld und Fahrpraxis hat, ist klar im Vorteil!

PAUSE MIT PASTA ODER PIZZA

Schon nach gut 2 km kannst du verschnaufen. *Park kurz nachdem die Schlucht ganz eng geworden ist auf der linken Seite* beim Ristorante ❸ La Forra *(Do geschl. | Via Benaco 24 | Tel. 03 65 91 81 66 | laforra.com | €)* und erkunde die Umgebung zu Fuß. Falls dann schon der Magen knurrt, kehr doch gleich im Ristorante ein. Die Pizza kommt aus dem Holzofen und auch die Nudelgerichte sind lecker.

EINE PLATTFORM 300 M SENKRECHT ÜBERM SEE

Den Kaffee allerdings solltest du im nahen ❹ Pieve ➤ S. 116 trinken, und zwar auf einer der beiden

„Schauderterrassen". Das **Hotel Paradiso** liegt direkt an der Abbruchkante zum See und an die große Terrasse wurde noch eine vorstehende Plattform angebaut, von der aus du etwa 300 m senkrecht zum See hinabblickst. Wenn das Wetter nicht so gut ist, bietet das nahe Ristorante **Miralago** eine Art frei schwebenden Panoramawintergarten. Anschließend lohnt sich noch ein Spaziergang durch das historische Zentrum von Pieve, in dem viele Häuser aus dem 18. Jh. liebevoll restauriert wurden.

Wer Trüffeln mag, erkundigt sich im Fremdenverkehrsamt nach Luca – manchmal hat er im Herbst ein paar der edlen Knollen vorrätig. Durch wilde Hügellandschaft und Pinienwälder, über grüne Ebenen und vorbei an Olivenhainen geht es weiter zur Käserei ❺ **Alpe del Garda** ➤ S. 116

INSIDER-TIPP
Käse kosten, Käse kaufen

in der Gemeinde Polzone. An allen Straßenkreuzungen weisen Schilder den Weg zur Käserei. Im Sommer werden kostenlose Führungen mit Käseverkostung angeboten *(bei Redaktionsschluss wegen Renovierung ausgesetzt, aktuelle Infos: Tel. 0365 953050 | alpedelgarda.it).* Angeschlossen ist auch ein Restaurant und im fein sortierten Laden gibt es u. a. die eigenen Molkereiprodukte, aber auch andere lokale Köstlichkeiten wie Salami, Honig und Olivenöl. Kauf am besten eine kleine Brotzeit für unterwegs ein!

KIRCHLEIN AUF STEILEM FELSEN

Die Panoramastraße führt weiter Richtung Tignale; weit weg vom Gardaseerummel geht es durch unberührte Berglandschaft und *noch vor Gardola links ab* zur Wallfahrtskirche ❻ **Madonna di Montecastello** ➤ S. 115 aus dem 17. Jh. Sie klammert sich wie ein Adlerhorst an

8 km

❺ Alpe del Garda

10 km

❻ Madonna di Montecastello

die steilen, fast 700 m senkrecht abstürzenden Felsen. Nach der Besichtigung lohnt sich noch eine 20 Minuten kurze Wanderung zum Gipfel des **❼ Monte Castello**: *Geh links an der Kirche vorbei und folg den Schildern „alla croce" zum Gipfelkreuz.* Der Weg bietet immer wieder einmalige Blicke auf den See.

Wer sich jetzt noch ein bisschen über den Naturpark Alto Garda informieren möchte, besucht zum Abschluss das kleine **❽ Museo del Parco Alto Garda Bresciano** *(So/Mo und Mi–Fr 14–18, Sa 13–18 Uhr | museoparcoal togarda.it)* in Prabione. Es informiert über die Entstehungsgeschichte der Bergwelt am Rand des Gardasees und über das Leben ihrer Bewohner. Der Naturpark ist von starken Gegensätzen gekennzeichnet: Er zieht sich von 65 m am Seeufer bis auf fast 2000 m Höhe hinauf. Kein Wunder, dass sowohl Klima und Vegetation als auch soziale und ökonomische Faktoren innerhalb des Parks stark variieren. *Über Oldesio und Piovere geht es dann an den See hinunter und auf der Gardesana Occidentale zurück nach* **❶ Limone**.

1 km

❼ Monte Castello

3 km

❽ Museo del Parco Alto Garda Bresciano

24 km

❶ Limone

❹ MIT DEM RAD AM UFER DES MINCIO ENTLANG

➤ Frühstück mit den besten Brioches vom See
➤ Radeln an Auwäldern und Störchen vorbei
➤ Tortellini schlemmen – dort, wo sie herkommen

📍 Peschiera

🏁 Peschiera

⇄ 33 km

🚲 1 Tag, reine Fahrzeit rund 2½ Stunden

📶 sehr leicht

↗ 50 m

ℹ Radverleih: *Noleggio Bici Piccoli Mauro (Via Venezia 15 | Tel. 34 94 67 80 06 | noleggiobiciclettepeschieradelgar da.it)*

❶ Peschiera

9 km

Die Tour beginnt in **❶ Peschiera** ➤ S. 79 ganz italienisch mit einem Cappuccino und einer knusprigen Brioche (süß oder salzig) im **Torta della Nonna** *(Do geschl. | Via Risorgimento 5). Durch die Altstadt geht es dann Richtung Festungsanlage zum Fluss, wo der Radweg beginnt.* Der Mincio ist übrigens der einzige Abfluss des Gardasees und mündet 50 km südlich bei Governolo in den Po. Da er in der Vergangenheit eine natürliche Verteidigungslinie darstellte, war er viele Jahrhunderte von großer strategischer Bedeutung. Wer heute durch die ruhige Landschaft mit Wiesen und Weinfeldern radelt, vermutet kaum, dass hier im 19. Jh. erbitterte Kämpfe im italienischen Befreiungskrieg gegen die Österreicher stattfanden. Doch Burgen, Stadtmauern und Wachtürme entlang der Ufer zeugen noch von diesen Zeiten.

VÖGEL, ANGLER UND AUWÄLDER: EIN FRIEDLICHES IDYLL

Der gut ausgeschilderte Radweg schlängelt sich unter Schatten spendenden Bäumen durch eine von Auen-

Was für ein Trumm – schau dir am Ziel Peschieras Unesco-geschützte Festungsmauer an!

wäldern geprägte Naturlandschaft. Unzählige Vogelarten bauen sich hier Nester, darunter auch der Weißstorch. Überall wachsen Wasser- und Uferpflanzen – insgesamt gibt es hier um die 300 verschiedene Arten. Viele Angler schätzen diese unberührte Natur.

Nach etwa einer knappen Stunde taucht die mächtige Kirche des Dorfs ❷ Monzambano im Blickfeld auf. Höchste Zeit für einen kleinen Stopp: *Über eine Brücke führt der Weg hinauf ins Zentrum.* In der Bar Caffè Frapporti *(Mo geschl. | Piazza Vittorio Emanuele)* kannst du dich stärken. Beeindruckend ist der Blick von den Wachtürmen des Castello über die ruhige Flusslandschaft bis zum Gardasee. *Anschließend rollst du wieder hinunter zum Radweg.*

ZEITREISE: DIE HOLZRÄDER EINER ALTEN WASSERMÜHLE

Nun dauert es nicht mehr lange, bis du die mächtigen Mauern und Türme der 600 m langen, festungsartigen Staumauer Ponte Visconteo ➤ S. 81 und die Türme der prächtigen Burganlage von Valeggio siehst. Besuch zuerst den alten Ortsteil ❸ Borghetto ➤ S. 80 mit dem mittelalterlichen Mühlenviertel. Hier scheint die Zeit stillzustehen – noch heute sind die Holzräder der Wassermühlen zu sehen.

Wer jetzt Hunger hat, radelt ins benachbarte ❹ Valeggio sul Mincio und kostet die handgefertigten Pastaspezialitäten abseits der Touristenströme in der Trattoria Il Cavallino *(So-Abend und Mo geschl. | Vicolo Nino Bixio 7 | Tel. 04 52 37 02 62 | €€).* Das abschließende *dolce* hingegen solltest du dir im Pastificio Remelli gönnen. *Danach geht es dann auf dem gleichen Weg zurück nach* ❶ Peschiera.

❷ Monzambano

7 km

❸ Borghetto

1 km

❹ Valeggio sul Mincio

15 km

❶ Peschiera

GUT ZU WISSEN

DIE BASICS FÜR DEINEN URLAUB

ANKOMMEN

ANREISE

Wer aus dem Norden kommt, wählt die Strecke über Österreich und die Brennerautobahn. <mark>Um die Autobahnmaut zu sparen oder einfach langsamer zu reisen, kannst du die alte Brennerpassstraße nehmen.</mark> Ab Trento gibt es zwei Möglichkeiten: Entweder fährst du hinunter ins Sarcatal und näherst dich dem Gardasee über Arco und Riva. Oder du fährst bis zur Autobahnabfahrt Rovereto-Sud und kommst dann über Nago nach Torbole. Diese Strecke hat den Vorteil, dass man auf dem letzten Kilometer ab Nago traumhafte Blicke auf den See genießen kann. Wer den Süden des Sees ansteuert, fährt bis zur Autobahnabfahrt Affi nahe Bardolino und Garda.

INSIDER-TIPP
Die Entdeckung der Langsamkeit

Urlauber aus Südwestdeutschland und der Schweiz erreichen den Gardasee über die Gotthardautobahn und dann die A4 Mailand–Venedig (Ausfahrten bei Desenzano, Sirmione und Peschiera).

Für die Benutzung der Autobahnen in Österreich und der Schweiz benötigt man eine Vignette (zehn Tage oder zwei Monate, Schweiz ein Kalenderjahr), die italienische Autobahn kostet streckengebundene Mautgebühren.

Gute Bahnverbindungen (Fahrzeit München–Peschiera sechs bis sieben Stunden) gibt es über die Brennerstrecke (München–Innsbruck–Bozen) nach Trento, Rovereto und Verona mit den Zügen der österreichischen Bahn (*oebb.at*). In Rovereto kannst du in den Bus umsteigen, der etwa stündlich direkt ans Nordufer des Gardasees fährt (Fahrplan unter *trentinotrasporti. it*). Willst du in den Süden, nimmst du von Verona aus einen Zug Richtung

Sentiero Ponale von Riva ins Ledrotal: spektakuläre MTB-Strecke am Nordwestufer

Mailand und steigst in Peschiera oder Desenzano aus *(trenitalia.com)*.

Von zahlreichen Städten fahren Fernbusse zu Zielen am Gardasee. Mit Flixbus *(flixbus.de)* kostet das z. B. von München nach Peschiera ab etwa 22 Euro in der Nebensaison.

Veronas Flughafen Valerio Catullo *(aeroportoverona.it)* liegt dem Gardasee am nächsten. Eurowings fliegt ihn von mehreren deutschen und österreichischen Städten aus an, mehrmals täglich wird er außerdem von Air Dolomiti und Lufthansa aus Frankfurt und München angeflogen. Als Alternativflughäfen bieten sich Venedig, Mailand und Bergamo an.

Vom Flughafen Verona fährt der Aerobus alle 20 Minuten vom Terminal aus in etwa 15 Minuten zum Hauptbahnhof Verona Porta Nuova. Eine einfache Fahrt kostet 6 Euro. Vom Hauptbahnhof fahren Züge nach Trento und Rovereto sowie an den Gardasee. Von Mitte Juni bis Mitte September fährt im Stundentakt die Linie 164 über Peschiera am Ostufer entlang bis nach Garda (dort Anschluss nach Riva), die einfache Fahrt kostet je nach Ziel 3,40–5,80 Euro *(atv.verona.it)*. Außerdem gibt es private Shuttledienste, z. B. Europlan *(europlan.it/transfer)* oder Lake Garda Transfer *(lakegardatransfers.it)*.

EINREISE

Der Personalausweis reicht für EU-Bürger aus, über Österreich wie über die Schweiz kommt man dank Schengener Abkommen im Normalfall ohne Grenzkontrolle nach Italien.

KLIMA & REISEZEIT

Selbst im Winter sinkt das Thermometer nur selten unter den Gefrierpunkt. Oben in den Bergen schneit es, doch am See kann man in der Sonne flanieren. Eine schöne Reisezeit ist das Frühjahr: Das Klima ist mild, in den Orten geht es wesentlich entspannter zu als im Sommer und die Hotelpreise sind deutlich günstiger (außer über Ostern). Das Wasser ist allerdings noch kalt, baden kann man meistens ab Mitte Mai bis Ende September. In den Sommermonaten kann es sehr heiß werden; die Seewinde machen die Temperaturen zwar etwas erträglicher, aber wer Hitze schlecht verträgt, sollte Juli und August meiden. Und vor allem an den Augustwochenenden wird der See dazu zum Stau-See: kilometerlanges Stop-and-go auf den Straßen und an den Stränden Haut an Haut. Der Herbst ist die ideale Zeit zum Wandern: Die Tage sind meist sonnig, die Temperaturen angenehm – wochenlang stabiles Wetter ist keine Seltenheit. Und vom Gipfel des Monte Baldo reicht der Blick dann bis nach Verona.

WEITER-KOMMEN

AUTO

Die Höchstgeschwindigkeit beträgt in Ortschaften 50, auf Landstraßen 90, auf Schnellstraßen 110 und auf Autobahnen 130 km/h. Außerhalb geschlossener Ortschaften muss auch tagsüber mit Abblendlicht gefahren werden, für Motorrad- und Mopedfahrer gilt das überall. Die Promillegrenze liegt bei 0,5. Für jeden Insassen muss im Auto eine Warnweste mitgeführt werden, die beim Verlassen des Fahrzeugs bei Panne oder Unfall außerhalb geschlossener Ortschaften angelegt werden muss. Ein absolutes Alkoholverbot gilt für Fahrer unter 21 Jahren und in den ersten drei Jahren nach Führerscheinerwerb, Fahranfänger dürfen auf Schnellstraßen maximal 90, auf Autobahnen maximal 100 km/h fahren, wer mit dem Fahrrad nach Einbruch der Dämmerung außerhalb von Ortschaften unterwegs ist, muss eine Warnweste oder Warnstreifen tragen.

In den Orten gibt es fast nur kostenpflichtige Parkplätze und die Polizei verteilt rigoros Strafzettel. Fast alle Tankstellen sind – außer an der Autobahn – in der Mittagszeit und sonntags geschlossen, viele verfügen jedoch über Tankautomaten. Pannenhilfe: *Tel. 80 31 16,* vom ausländischen Handy *8 00 11 68 00*

BUSSE

Man kann es gar nicht oft genug sagen: Lass das Auto stehen und benutz öffentliche Verkehrsmittel! Die Straßen rund um den See sind ohnehin chronisch verstopft. Die Busfahrt von Riva nach Limone kostet keine 2 Euro, eine Stunde Parken in Limone dagegen schon 1 Euro. Die Busse fahren ziemlich pünktlich – wenn der Verkehr es zulässt. Die Fahrpläne findest du unter *trentinotrasporti.it* (Trentino), *atv. verona.it* (Venetien) und *bresciamobili ta.it* (Lombardei). Fahrscheine *(biglietti)* müssen vor Fahrtantritt gelöst werden; du bekommst sie am Busbahnhof, in Tabakläden oder direkt im Bus.

FÄHREN ⚑

Eine schöne, etwas langsamere Alternative, um rund um den See zu kom-

FESTE & EVENTS
RUND UMS JAHR

OSTERN
Karfreitagsprozession (Limone)

MAI
1000-Meilen-Rallye **Mille Miglia** (Foto), *1000miglia.it*
Bike-Festival (Riva), *riva.bike-festival.de*

JUNI
Festa del Nodo d'Amore (Valeggio sul Mincio): Open-Air-Tortellinifest, *ristorantivaleggio.it*

MITTE JUNI–MITTE SEPTEMBER
Opernfestspiele (Verona), *arena.it*

JULI
Drodesera Fies Festival (Dro): Theaterfestival in einem alten Wasserkraftwerk, *centralefies.it*
Sardellata al Chiar di Luna (Garda): Fest der Gardaseesardine

JULI/AUGUST
Garda Jazz Festival (Riva), *gardajazz.com*

AUGUST
Aperitivo sotto le stelle (Bardolino): Die Uferpromenade wird zu einer Open-Air-Bar, *bardolinotop.it*
Notte di Fiaba (Riva): Theater, Musik und Spiele mit einem großen Feuerwerk, *nottedifiaba.it*

SEPTEMBER
Tanzfestival **Oriente Occidente** (Rovereto), *orienteoccidente.it*
Segelregatta **Centomiglia** (Gargnano), *circolovelagargnano.it*
Ciottolando con Gusto (Malcesine): Weinverkostungen und kulinarische Stationen, *ciottolando.com*

OKTOBER
Lake Garda Marathon, *lakegardamarathon.com*
Weinfest **Festa dell'Uva e del Vino** (Bardolino), *bardolinotop.it*

DEZEMBER
Silvesterparty **HOP!** (Riva), *hoprivadelgarda.com*

Ein Glas Rotwein und einen Teller Gnocchi bekommst du mit Glück für keine 10 Euro

men, ist die Fähre. Die Autofähren Maderno–Torri del Benaco (tagsüber etwa stündlich) und Limone–Malcesine (zehnmal pro Tag, nur im der Saison) ersparen die Fahrt um den halben See. Außerdem gibt es in der Hauptsaison eine Autofähre Riva–Desenzano und zurück, mit wenigen Stopps. Passagierschiffe zwischen Desenzano und Riva steuern fast alle Orte an. Im Hochsommer werden abendliche Kreuzfahrten veranstaltet. Fahrpläne bekommt man bei den Fremdenverkehrsämtern, an den Anlegestellen (dort gibt es auch die Tickets) und unter *navigazionelaghi.it*.

MIETWAGEN
In vielen Orten am See gibt es Leihwagen *(autonoleggio)*, die großen inter-

nationalen Firmen sind ebenso vertreten wie lokale Anbieter. In der Hauptsaison empfiehlt es sich, im Voraus einen Wagen zu reservieren; außerdem ist eine Vorabbuchung fast immer günstiger, etwa über Broker im Internet.

IM URLAUB

CAMPING
Nicht alle Uferabschnitte eignen sich gleich gut für Campinganlagen; im Norden ist wegen der steilen Felswände zu wenig Platz. Die meisten Campingplätze finden sich im Süden, vor allem in der Valtenesi zwischen Desenzano und Salò. Die Kosten liegen etwa bei 18 Euro für einen Standplatz, 10 Euro für Erwachsene und 8 Euro für Kinder pro Tag.

EINTRITTSPREISE
In Highlights wie dem MART in Rovereto, dem Giardino Botanico André Heller oder dem Vittoriale in Gardone zahlst du zwischen 11 und 18 Euro. Für die Grotte di Catullo oder die Burg in Sirmione sowie für die Cascata del Varone in Riva sind zwischen 5 und 6 Euro fällig. Richtig teuer sind Vergnügungsparks wie Gardaland (ab 44 Euro). Junge und alte Menschen (bis 12 und ab 60 Jahren) haben in vielen Museen freien Eintritt.
Sparen kannst du mit der *Garda Promotions Card.* Damit bekommst du Rabatte in Museen und Freizeitparks, etwa im Vittoriale, im Parco Natura Viva, in der Arena von Verona, im Gardaland und in der Canevaworld, au-

ßerdem gibt es Vergünstigungen für die Schiffsfahrten und für die Seilbahn von Malcesine. Erhältlich ist die Karte kostenlos in den Tourismusbüros und den meisten Hotels.

FEIERTAGE

1. Jan.	Neujahr *(Capodanno)*
6. Jan.	Hl. Drei Könige *(Epifania)*
März/April	Ostersonntag und Ostermontag *(Pasqua und Pasquetta)*
25. April	Jahrestag der Befreiung vom Faschismus *(Liberazione)*
1. Mai	Tag der Arbeit *(Festa del Lavoro)*
2. Juni	Nationalfeiertag *(Festa della Repubblica)*
15. Aug.	Mariä Himmelfahrt *(Ferragosto)*
1. Nov.	Allerheiligen *(Ognissanti)*
8. Dez.	Mariä Empfängnis *(Immacolata Concezione)*
25. Dez.	Weihnachten *(Natale)*
26. Dez.	Zweiter Weihnachtstag *(Santo Stefano)*

GELD & KREDITKARTEN

Geldautomaten *(bancomat)* sind überall reichlich vorhanden, die gängigen Kreditkarten werden an Tankstellen, in fast allen Hotels, den meisten Restaurants sowie vielen Geschäften akzeptiert.

INTERNETZUGANG & WLAN

Mittlerweile bieten nicht mehr nur die großen Hotels WLAN-Hotspots (ital. *wi-fi*) an, sondern auch viele Gemeinden. Kostenlos ist z. B. das Netzwerk Free Luna *(freeluna.it),* das vor allem die Region des nördlichen Gardasees abdeckt. In Desenzano bieten die Netze FreeWiFiDeseDiRete und FreeWifi-BresciaGov kostenlosen Zugang. Man muss sich mit einer Telefonnummer und einer Kreditkarte anmelden – Infos unter *freewifibresciagov.it.*

POST

Briefmarken *(francobolli)* gibt es bei der Post oder in Tabakläden *(tabacchi),* aber nur selten dort, wo man Postkarten kaufen kann.

ÖFFNUNGSZEITEN

Die Geschäfte sind meist montags bis samstags 9 bis 12 und 15.30 bis 19 Uhr geöffnet, größere Supermärkte auch durchgehend ohne Mittagspause. In der Saison haben in vielen Orten die Läden in den Fußgängerzonen bis 22 Uhr oder länger geöffnet. Die meisten Lebensmittelläden sind auch am Sonntagvormittag geöffnet.

WAS KOSTET WIE VIEL?

Kaffee	1,50–3 Euro für einen Cappuccino
Imbiss	ab 3,50 Euro für ein belegtes *panino*
Wein	um 2,50 Euro für 0,1 l in der Bar
Olivenöl	ab 15 Euro für 1 l *olio extravergine*
Benzin	um 2,20 Euro für 1 l Super Euro 95
Seilbahn	25 Euro für Hin- und Rückfahrt auf den Monte Baldo

RABATTKARTEN UND SPARPÄSSE

Mit der *Garda Promotions Card* bekommst du Rabatte bei vielen Sehenswürdigkeiten, Museen und Freizeitparks am und um den See, außerdem gibt es Ermäßigungen für die Schiffsfahrten und für die Seilbahn von Malcesine zum Monte Baldo. Die Karte ist drei Tage lang gültig und kostenlos in den Tourismusbüros der Orte und in den meisten Hotels erhältlich. Wenn du im Trentino unterwegs bist und mehrere Museen besuchen möchtest, lohnt sich der *Museumspass (22 Euro | short.travel/gar27)*. Mit ihm kannst du 48 Stunden lang alle öffentlichen Verkehrsmittel in Trento und Rovereto nutzen und drei Dutzend Museen und Burgen in der Region besuchen.

STRÄNDE

Der typische Gardasee-Strand ist ein Kiesstrand. Über Wasserqualität und Badesicherheit wird während der Badesaison von Mai bis September gewacht. Hunde sind nicht überall erwünscht, ebenso wenig FKK-Fans. Vor allem am Ost- und Westufer sind die Strände oft schmal oder liegen unterhalb der Straße.

TELEFON & HANDY

Die Vorwahl nach Italien ist 0039. Die Null am Beginn jeder Festnetznummer muss mitgewählt werden, sowohl vom Ausland aus als auch bei Ortsgesprächen. Mobilfunknummern (oft 338 oder 339) werden immer ohne Null gewählt. Vorwahl nach Deutschland 0049, nach Österreich 0043, in die Schweiz 0041.

TRINKGELD

Meist wird der Service am Tisch mit einem festen Betrag berechnet. Dieser

WETTER IN RIVA

Hauptsaison
Nebensaison

	JAN.	FEB.	MÄRZ	APRIL	MAI	JUNI	JULI	AUG.	SEPT.	OKT.	NOV.	DEZ.
Tagestemperaturen	5°	7°	12°	17°	20°	24°	27°	26°	22°	16°	11°	6°
Nachttemperaturen	1°	1°	4°	9°	13°	17°	19°	18°	15°	10°	5°	2°
☀	3	4	5	5	6	7	8	7	6	6	3	3
☂	5	5	7	9	11	10	8	8	7	8	8	6
≈	8	6	8	10	13	18	20	21	19	16	12	10

☀ Sonnenschein Stunden/Tag   ☂ Niederschlag Tage/Monat   ≈ Wassertemperatur in °C

Posten *(coperto)* ersetzt in der Regel das in Italien weniger verbreitete Trinkgeld. Am Gardasee haben sich allerdings die nördliche Trinkgeldtradition und der italienische Brauch des *coperto* vermischt, sodass hier ein Trinkgeld zwar üblicher ist, aber keinesfalls erwartet wird. Anders als von zu Hause gewohnt, lässt man sich aber immer zuerst das Wechselgeld herausgeben und lässt dann gegebenenfalls das Trinkgeld auf dem Tellerchen mit der Rechnung liegen.

GRÜN & FAIR REISEN

Du willst beim Reisen deine CO_2-Bilanz im Hinterkopf behalten? Dann kannst du deine Emissionen kompensieren *(atmosfair.de; my climate.org)*, deine Route umweltgerecht planen *(routerank.com)* oder auf Natur und Kultur *(gatetourismus.de)* achten. Mehr über ökologischen Tourismus erfährst du hier: *oete.de* (europaweit); *germanwatch.org* (weltweit).

NOTFÄLLE

DIPLOMATISCHE VERTRETUNGEN

– Deutsches Konsulat: *Via Solferino 40 | Mailand | Tel. 0 26 23 11 01*
– Österreichisches Konsulat: *Piazza del Liberty 8/4 | Mailand | Tel. 0 27 78 07 80*
– Konsulat der Schweiz: *Via Palestro 2 | Mailand | Tel. 0 27 77 91 61*

GESUNDHEIT

Am unkompliziertesten: Im Krankheitsfall bezahlt man Arzt und Medikamente vor Ort und legt die Rechnung zu Hause der Krankenkasse zur meist problemlosen Erstattung vor. Auch die European Health Insurance Card (Rückseite der Versichertenkarte) wird akzeptiert. Während der Saison sorgt der ärztliche Notdienst *Guardia Medica Turistica* für die Gesundheit der Urlauber.

NOTRUF

Allgemeiner Notruf *Tel. 1 12* (Polizei, Notarzt, Feuerwehr, Bergrettung)

WICHTIGE HINWEISE

FREMDENVERKEHRSAMT VISITGARDA

– Trentino: *Largo Medaglie d'Oro 5 | 38066 Riva del Garda | Tel. 04 64 55 44 44 | gardatrentino.it*
– Venetien: *Piazza Matteotti 8 | 37011 Bardolino | Tel. 04 57 25 52 79 | lagodi gardaveneto.com*
– Lombardei: *Corso Zanardelli 164 | 25083 Gardone Riviera | Tel. 03 65 79 11 72 | gardalombardia.com*

ZOLL

Waren für den persönlichen Bedarf sind innerhalb der EU zollfrei. Richtwerte hierfür sind u. a. 10 l Spirituosen und 800 Zigaretten. Für Schweizer und bei Einreise in die Schweiz gelten jedoch wesentlich geringere Freimengen, u. a. 5 l Wein, 1 l Spirituosen über 18 Prozent, 250 Zigaretten sowie 1 kg Fleisch.

SPICKZETTEL
ITALIENISCH

SMALLTALK

Ein Akzent steht im Italienischen nur, wenn die letzte Silbe betont wird. Ansonsten haben wir die Betonung durch einen Punkt unter dem betonten Vokal angegeben.

ja/nein/vielleicht	sì/no/forse
bitte/danke	per favore/grazie
Entschuldige!/Entschuldigen Sie!	Scusa!/Scusi!
Wie bitte?	Come dice?/Prego?
Gute(n) Morgen!/Tag!/Abend!/Nacht!	Buon giorno!/Buon giorno!/Buona sera!/Buona notte!
Hallo!/Tschüss!/Auf Wiedersehen!	Ciao!/Ciao!/Arrivederci!
Ich heiße …	Mi chiamo …
Wie heißen Sie?/Wie heißt du?	Come si chiama?/Come ti chiami?
Ich möchte …/Haben Sie …?	Vorrei …/Avete …?
Das gefällt mir (nicht).	(Non) mi piace.
gut/schlecht	buono/cattivo

ZEIGEBILDER

ESSEN & TRINKEN

Die Speisekarte, bitte.	Il menù, per favọre.
Flasche/Karaffe/Glas	bottịglia/caraffa/bicchịere
Messer/Gabel/Löffel	coltẹllo/forchẹtta/cucchịaio
Salz/Pfeffer/Zucker	sạle/pẹpe/zụcchero
Essig/Öl/Milch/Sahne/Zitrone	acẹto/ọlio/lạtte/pạnna/limọne
mit/ohne Eis/Kohlensäure	con/sẹnza ghiạccio/gas
kalt/versalzen/nicht gar	frẹddo/trọppo salạto/non cọtto
Vegetarier(in)/Allergie	vegetariạno/vegetariạna/allergịa
Ich möchte zahlen, bitte.	Vorrẹi pagạre, per favọre.
Rechnung/Quittung/Trinkgeld	cọnto/ricevụta/mạncia
bar/Kreditkarte	in contạnti/cạrta di crẹdito

NÜTZLICHES

Wo finde ich …?	Dọve pọsso trovạre …?
links/rechts/geradeaus	sinịstra/dẹstra/drịtto
Wie viel Uhr ist es?	Che ọra è? Che ọre sọno?
Es ist drei Uhr./Es ist halb vier.	Sọno le tre./Sọno le tre e mẹzza.
heute/morgen/gestern	ọggi/domạni/iẹri
Wie viel kostet …?	Quạnto cọsta …?
zu viel/viel/wenig/alles/nichts	trọppo/mọlto/pọco/tụtto/niẹnte
teuer/billig/Preis	cạro/econọmico/prẹzzo
Wo finde ich einen Internetzugang/WLAN?	Dọve trọvo un accẹsso ịnternet/wi-fi?
offen/geschlossen	apẹrto/chiụso
kaputt/funktioniert nicht	guạsto/non funziọna
Panne/Werkstatt	guạsto/officịna
Fahrplan/Fahrschein	orạrio/bigliẹtto
Zug/Gleis/Bahnsteig	trẹno/binạrio/banchịna
Hilfe!/Achtung!/Vorsicht!	Aiụto!/Attenziọne!/Prudẹnza!
Verbot/verboten/Gefahr/gefährlich	divịeto/vietạto/perịcolo/pericolọso
Apotheke	farmacịa
Fieber/Schmerzen	fẹbbre/dolọri
0/1/2/3/4/5/6/7/8/9/10/100/1000	zẹro/ụno/dụe/tre/quạttro/cịnque /sẹi/sẹtte/ọtto/nọve/diẹci/cẹnto/mịlle

URLAUBS FEELING

ZUM EINSTIMMEN & AUSKLINGEN

LESESTOFF & FILMFUTTER

🎥 CALL ME BY YOUR NAME

In dem 2017 für den Oscar nominierten Film von Luca Guadagnino ist Sirmione mit seinem Jamaica Beach und der Römervilla zu sehen. Zugegeben: nur für rund zwei Minuten …

📖 SCHATTEN ÜBER DEM SEE

Anke Syring erzählt in ihrem 2015 erschienenen Gardasee-Krimi von einem beschaulichen Bergdorf über dem See, wo ein Münchner von einer Steinlawine begraben wird. Sein Freund beginnt auf eigene Faust zu ermitteln und bringt tragischen Vorfälle ans Licht.

📖 VINO ROSSO

Roswitha Wildgans erzählt in ihrem Krimi von 2011 von einer Putzfrau in Limone, die in allerlei turbulente Abenteuer gerät, weil sie eine begehrte Bratsche findet. Die perfekte Strandlektüre!

🎥 IL TERRORE DEI MARI

Selbst viele Gardasee-Anrainer wissen es nicht: In den 1960er-Jahren war Peschiera eine Art kleines Hollywood für Piratenfilme, der Gardasee wurde zur Karibik. Einer jener Filme ist dieser 1960 von Domenico Paolella gedrehte Streifen.

PLAYLIST QUERBEET

0:58

❚❚ ARES ADAMI – STEPPING HIGHER
Griffige Rapzeilen direkt aus Arco – Tanzpotenzial!

▶ LUCIANO BERETTA – LAGO DI GARDA GIOIELLO D'ITALY
Seit 2013 die Hymne der Gemeinde Garda

▶ VAGABONDA – AL CARNEVAL
Folk aus Costermano mit Gitarre, Geige, Bass und Akkordeon

▶ FAY HALLAM – ARCO
Die Königin der englischen Mod-Musik singt über ihre Liebe zu Arco

▶ MEN OF LAKE – I DON'T WANT TO KNOW
Progressive-Rock-Band aus Riva, die in den 80ern und 90ern einige großartige Lieder komponierte

▶ THE BASTARD SONS OF DIONISO – AMOR CARNALE
Drei Trentiner Rockjungs – 2009 Nummer 1 in den Charts

Den Soundtrack zum Urlaub gibt's auf **Spotify** unter **MARCO POLO Italy**

Oder Code mit Spotify-App scannen

AB INS NETZ

@INSTAGARDA
Noch nicht in Urlaubsstimmung? Inspiration für die Gardaseereise, vor allem malerische Stadtansichten, bietet dieser Instagramkanal.

SHORT.TRAVEL/GAR10
Zum Mitcruisen: eine atemraubende Fahrt mit dem Motorrad durch die Brasaschlucht von Pieve nach Limone.

HIDDEN TRENTO
Erkunde das Trento des 16. Jhs. durch die Erzählungen von fünf Stadtbewohnern aus jener Zeit. Wirtin Ursula etwa führt dich in dieser App durch das ehemalige deutsche Viertel.

GARDASEEMONSTER BENNIE
Gardasee = Loch Ness?! Seit einigen Jahren versucht eine Gruppe von Menschen zu beweisen, dass im Gardasee ein Ungeheuer namens Bennie lebt. Auf *bthemonster.com* erfährst du alles rund um den netten Saurier.

SHORT.TRAVEL/GAR15
Das Video einer geführten Canyoningtour durch die Rio-Nero-Schlucht im Ledrotal. Da will man sofort losziehen!

TRAVEL PURSUIT

DAS MARCO POLO URLAUBSQUIZ

Weißt du, wie der Gardasee tickt? Teste hier dein Wissen über die kleinen Geheimnisse und Eigenheiten von Land und Leuten. Die Lösungen findest du in der Fußzeile. Und ganz ausführlich auf den S. 18–23.

❶ **Wie viele Tunnel gibt es auf der Gardesana Occidentale zwischen Riva und Gargnano?**
a) 34
b) 52
c) 74

❷ **Welche Spezialität brachte es schon zum Motiv auf Briefmarken?**
a) Gardasee-Forelle *(carpione)*
b) Stockfisch *(bacclà alla vicentina)*
c) Gardasee-Olivenöl

❸ **Welche Kostbarkeit kann man am Monte Baldo ausgraben?**
a) Mangan
b) Gold
c) Trüffeln

❹ **In welchem Dorf am See werden die Einwohner besonders alt?**
a) Limone
b) Malcesine
c) Garda

❺ **Wie nennt man am Gardasee die kältesten Tage im Jahr?**
a) Amseltage *(giorni della merla)*
b) Elstertage *(giorni della gazza)*
c) Taubentage *(giorni del piccione)*

❻ **Was ist die spezielle Zutat der bröseligen *torta sbrisolona*?**
a) Zimt
b) Safran
c) in Bardolino eingelegte Rosinen

Zitronenzauber: In und um Limone wachsen die gelben Früchtchen

❼ Wann wurde die Gardesana Occidentale gebaut?
a) Ende des 19. Jhs.
b) nach dem Ersten Weltkrieg
c) in den 1960er-Jahren

❽ Wie viele Kilo Oliven sammeln zwei geübte Pflücker an einem Tag?
a) 50 kg
b) 75 kg
c) 100 kg

❾ Wie informiert Fischer Alberto Rania seine Kunden über das Tagesangebot?
a) Er steht mit dem Megafon auf dem Marktplatz von Riva
b) per Rundmail
c) per Whatsapp

❿ Was liegt auf dem Seegrund zwischen Maderno und Torri del Benaco?
a) ein Transportschiff aus dem 17. Jh.
b) römische Münzen aus dem 2. Jh.
c) ein 28 t schwerer Findling aus der letzten Eiszeit

⓫ Was wird in einigen Seeorten im Winter mit Folie abgedeckt?
a) Junge Olivenbäume vor dem ersten Austrieb
b) Parkuhren
c) Zitronenbäumchen in den *limonaie*

⓬ Womit vergleichen die Italiener die Bewohner des Trentino?
a) mit launischen Steinböcken
b) mit störrischen Eseln
c) mit mürrischen Bären

REGISTER

LOB ODER KRITIK? WIR FREUEN UNS AUF DEINE NACHRICHT!

Trotz gründlicher Recherche schleichen sich manchmal Fehler ein. Wir hoffen, du hast Verständnis, dass der Verlag dafür keine Haftung übernehmen kann.

MARCO POLO Redaktion • MAIRDUMONT • Postfach 31 51 73751 Ostfildern • info@marcopolo.de

Impressum

Titelbild: Limone (Schapowalow: D. Erbetta)

Fotos: M. Bettoni (147); DuMont Bildarchiv: T. Anzenberger (10, 14/15, 20/21, 130); huber-images: M. Arduino (77), C. Bäck (142/143), U. Bernhart (23), F. Cogoli (88), D. Erbetta (55), O. Fantuz (80), G. Gräfenhain (2/3, 42, 45), H. P. Huber (12/13, 19, 114), J. Huber (112), H. Klaes (78), K. Kreder (51), F. Lukasseck (24/25), S. Raccanello (27, 28, 65), TC (49), S. Termanini (102); Laif: F. Blickle (111), Celentano (35), M. Galli (30/31, 97, 144/145), T. Gerber (11, 93), Gollhardt/Wieland (116/117), G. Heidorn (53), B. Steinhilber (81, 126), C. Zahn (103), H. D. Zinn (60/61); Laif/Le Figaro: E. Sander (6/7, 31); Laif/SZ Photo: J. Giribas (56/57); Lookphotos: I. Pompe (9, 58), A. Strauß (Klappe vorne außen, Klappe vorne innen/1), H. Wohner (90/91); mauritius images: U. Bernhart (84/85, 106/107), R. Kaessmann (38/39), mauritius images/Alamy: (135), J. Bracegirdle (95, 108), H. Corneli (67, 71), P. Forsberg (8), MARKA (72, 109), R. Proctor (124), SFM ITALY E (74/75), S. Vidler (Klappe hinten); mauritius images/foodcollection (26/27); mauritius images/imagebroker: (32/33), A. Reinert (98/99), Siepmann (121); mauritius images/Travel Collection: T. Langlotz (83, 118/119, 132/133); vario images/Westend61 (136)

21., aktualisierte Auflage 2023

© MAIRDUMONT GmbH & Co. KG, Ostfildern

Autorinnen: Margherita Bettoni, Barbara Schaefer; Redaktion: Nikolai Michaelis; Bildredaktion: Anja Schlatterer
Kartografie: © MAIRDUMONT, Ostfildern (S. 36–37, 123, 128, 131, Umschlag außen, Faltkarte); Kompass Karten GmbH, A-Innsbruck © MAIRDUMONT, Ostfildern (S. 120); © MAIRDUMONT, Ostfildern, unter Verwendung von Kartendaten von OpenStreetMap, Lizenz CC-BY-SA 2.0 (S. 40–41, 46, 62–63, 73, 86–87, 89, 92, 100–101, 104)
Als touristischer Verlag stellen wir die Karten nur den De-facto-Stand dar. Dieser kann von der völkerrechtlichen Lage abweichen und ist völlig wertungsfrei.
Gestaltung Cover, Umschlag und Faltkartencover: bilekjaeger_Kreativagentur mit Zukunftswerkstatt, Stuttgart
Gestaltung Innenlayout: Langenstein Communication GmbH, Ludwigsburg
Spickzettel: in Zusammenarbeit mit PONS Langenscheidt GmbH, Stuttgart
Texte hintere Umschlagklappe: Lucia Rojas
Konzept Coverlines: Jutta Metzler, bessere-texte.de

Printed in China

FSC®
MIX
Papier aus verantwortungsvollen Quellen
www.fsc.org FSC® C124385

MARCO POLO AUTORIN
MARGHERITA BETTONI

Die gebürtige Gardasee-Anwohnerin dachte eigentlich nie, dass sie besonders stolz auf ihre Heimat sei. Bis ihre Kollegen an der Deutschen Journalistenschule in München sie darauf aufmerksam machten, dass sie mindestens einmal am Tag den *lago* und seine Umgebung in schwärmerischen Tönen erwähnte. Heute lebt die freie Journalistin in Norddeutschland – und besucht ihre Heimat, so oft es nur geht.

BLOSS NICHT!

FETTNÄPFCHEN UND REINFÄLLE VERMEIDEN

FERRAGOSTO AM LAGO VERBRINGEN

Wenn es sich irgendwie vermeiden lässt, fahr nicht um den 15. August herum an den Gardasee! Dann hat ganz Italien Ferien – der Verkehr kommt praktisch zum Erliegen und an den Stränden geht es mindestens genauso gedrängt zu.

ÜBERALL AUF DEUTSCH BESTELLEN

Schon ein paar Worte auf Italienisch wirken Wunder. Natürlich versteht dich jeder, wenn du „ein Bier" bestellst, aber mit *una birra, per favore!* hast du schon die Sympathie des Kellners gewonnen.

IM AUGUST MIT DER GONDEL AUF DEN MONTE BALDO

Oder an einem sonnigen Sommertag. Oder an Feiertagen. Oder an langen Wochenenden ... Wenn du nicht gleich mit der ersten Bahn hochfährst, musst du mit extrem langen Wartezeiten rechnen. Und wer schließlich oben ist, muss bei der Talfahrt wieder anstehen!

UNPASSENDE KLEIDUNG

Selbst viele Italiener, vor allem im sportfreundlichen Norden, schlendern durch die Altstadt von Arco oder Torbole mit Sportklamotten. Sich mit Radlerhosen an der Bar für einen Espresso hinzusetzen? Kein Problem. Doch für ein Abendessen im Restaurant solltest du dich lieber umziehen.

JEDEN METER MIT DEM AUTO FAHREN

Eigentlich wolltest du nur einen kleinen Abstecher nach Limone machen, am Ende hast du den ganzen Tag im Auto verbracht. Diese Geschichte kennen viele Gardaseeurlauber. Besonders im Sommer stockt der Verkehr auf der engen Gardesana. Mit der Fähre bist du oft schneller am Ziel.